Ingrid Biermann

Ideen**Blitze** für
Frühlings- und Sommertage

Kleine Aktionen für den Alltag mit Kindern

Ingrid Biermann

Ideen*Blitze* für Frühlings- und Sommertage

Kleine Aktionen für den Alltag mit Kindern

HERDER

FREIBURG · BASEL · WIEN

www.herder.de

Umschlaggestaltung und -konzeption:
Finken&Bumiller, Stuttgart
Umschlagfoto: www.photocase.com/mägs
Umschlag- und Textillustrationen:
Angela Weinhold, Essen

Gesamtherstellung:
fgb · freiburger graphische betriebe 2009
www.fgb.de

Gedruckt auf umweltfreundlichem,
chlorfrei gebleichtem Papier

Printed in Germany

ISBN 978-3-451-32163-4

Inhalt

Vorwort

Liebe Kolleginnen, liebe Eltern,

Spielend lernen – in der Kita und in der Familie: Darum geht es in den beliebten Angeboten der Ideen*Blitze SchnupfenTage, FrühlingsTage, GartenTage, FarbenTage, SonnenTage und IndianerTage.* Nachdem die Einzeltitel seit einiger Zeit nicht mehr lieferbar sind, habe ich auf vielfachen Wunsch eine Auswahl von Angeboten aus den vorgenannten Heften getroffen. Die kleinen Aktionen für den Alltag mit Kindern lassen sich ideal in der Frühlings- und Sommerzeit einsetzen.

Durch das Spiel erobert sich das Kind seine Welt. Es entdeckt, beobachtet, macht neue Erfahrungen, kombiniert, verändert, setzt zusammen, reagiert – es lernt. Es hat Spaß, geht mit Misserfolgen und Erfolgen um, lernt allein zu spielen und in der Gemeinschaft mit anderen klarzukommen. Bei allem sind Spielimpulse Ausgangspunkte für das aktive Tun.

Die Familie ist der Ort, an dem ein Kind seine ersten und wichtigsten Spielerfahrungen macht. Es erfährt, dass es sich durch das Spiel mit seiner Umwelt auseinander setzt und dabei ganz viel lernt. In der Kita wird diese Erfahrung mit anderen geteilt. Das Kind erfährt, dass das Spielen in einer so großen Gemeinschaft Freude macht, aber auch Rücksichtnahme erfordert. Das Kind erlebt, wie das Spiel dazu beiträgt, gemeinsam mit anderen etwas Interessantes zu unternehmen. Schon die kleinsten Impulse können aus dem Spiel ein spannendes Erlebnis machen.

Eine anregende Umgebung, in der das Kind Zeit und Raum für sein Spiel findet , in der Ordnung und Strukturen sein Spiel unterstützen, ist eine wichtige Voraussetzung, um erfolgreich und in Ruhe zu „arbeiten“, denn Spielen ist für das Kind das, was Erwachsene tun, indem sie arbeiten. Kinder bewältigen durch Spielen ihren Alltag, sie machen neue Erfahrungen und lernen sich die Welt anzueignen. Spielen und Lernen ergänzen sich in allem, was ein Kind tut. Es lernst und begreift mit Hilfe seiner Sinne. Es lernt und begreift durch Nachahmung, es lernt und begreift durch Bewegung und selbständiges Tun. Durch das Spiel entwickeln sich seine Sprache, sein Sozialverhalten und seine Bewegungssicherheit. Es lernt, mit Emotionen umzugehen, sich an Abläufe zu halten, es lernt, Regeln zu akzeptieren, es wird gemeinschaftsfähig und sozialkompetent. Die Spielwelt des Kindes ist unbegrenzt, auch fernab von Kita und Kinderzimmer. Egal, ob in der Küche daheim, vor dem Haus, in einem Schuppen, auf der Straße, im Kaufhaus oder im Wartezimmer, auf dem Weg in die Kita … überall gibt es für das Kind aufregende und anregende Spielimpulse.

Doch allein die Spielimpulse, die der Alltag mit sich bringt, reichen nicht aus. Das Kind wächst in seinen Spielerwartungen und dazu benötigt es Impulse, die der Erwachsene ihm gibt. Auch diese Impulse sind nicht an Zeit, Ort und Thema gebunden, sondern sollten sich an dem momentanen, kindlichen Spielbedürfnis orientieren. Daher sollten auch Erzieherinnen und Eltern ein Repertoire an Spielvorschlägen zur Verfügung haben, um zur gegebenen Zeit mitspielen zu können, denn wichtige Spielpartner bleiben neben gleichaltrige Spielgefährten immer auch die Erwachsenen.

In den folgenden Kapiteln möchte ich Erzieherinnen und Eltern einladen, mit ihrem Kind zu spielen. Die Impulse sprechen verschiedene Alltagsthemen an und die Anregungen sind leicht und zu jeder Zeit umsetzbar. Es finden sich Anregungen für Kindergruppen, aber auch kleine Aktionen für das einzelne Kind. So kann ein gewöhnlicher Alltag ein aufregender Spieltag werden.

Dass die Kinder und Sie viel Freude mit den IdeenBlitzen haben werden, wünscht sich

Ihre Ingrid Biermann

Einstiegs-
geschichte

Hatschipu, der Schnupfenvirus

Einstieg:

Die Kinder sitzen im Kreis. Die Erzieherin stellt das folgende Rätsel:

Was ist das?

Es kribbelt und krabbelt, es kitzelt mich sehr,
ich muss plötzlich niesen, wo kommt das denn her?
Das Prusten, das Niesen, das wird immer schlimmer,
ich brauch Taschentücher, die Nase läuft immer.
Drei Tage, da bin ich so richtig krank,
doch dann geht's mir besser, ja, Gott sei Dank.
Auf einmal, da ist das Kribbeln fort,
ich höre das Niesen am anderen Ort.
So geht diese Krankheit durchs ganze Land,
sie ist jedem Menschen sehr gut bekannt.
(Schnupfen)

Nachdem das Rätsel gelöst wurde, kann die Geschichte von dem kleinen, frechen Schnupfenvirus „Hatschipu" vorgelesen werden.

Hatschipu ist ein klitzekleiner Schnupfenvirus. Er wohnt mit seinen Geschwistern in einer Wolke. Jeden Tag ziehen sie am Himmel entlang und schauen auf die Erde, immer auf der Suche nach jungen und alten Menschen, zu denen sie in die Nase huschen können, um sie mit einem Schnupfen zu ärgern. Auch Hatschipu ist so ein kleiner Bengel. Immer hat er Lust, die Menschen mit einem Schnupfen zu überraschen. An einem stürmischen Tag, als er wieder mit seinen Geschwistern auf der Suche nach einem Menschenkind ist, entdeckt er einen kleinen Jungen, der bei diesem Wind ohne Jacke hinter einem Haus im Sandkasten sitzt und eine Burg baut. Diesen Jungen will Hatschipu heute ärgern. Mit einem Satz springt er aus der Wolke und fliegt mit dem Wind hinunter zur Erde. Hatschipu landet direkt auf der Nasenspitze des kleinen Jungen. Plötzlich reibt der Junge sich die Nasenspitze, doch noch bevor er Hatschipu hinunterschubsen kann, krabbelt der ganz schnell in ein Nasenloch. Huh, hier ist es wunderbar warm. Hatschipu schlängelt sich durch den engen Nasengang immer mehr nach oben. Dabei schiebt er die vielen kleinen Nasenhaare zur Seite. Das muss den Jungen wohl ein wenig kitzeln, denn der macht ganz laut: „Hatschi". Dabei wird Hatschipu fast aus der Nase geschleudert. Im letzten Augenblick kann er sich noch an einem Nasenhaar festhalten. Schnell krabbelt er wieder in der Nase hoch. Doch es kitzelt den Jungen wieder und noch einmal macht er ganz laut: „Hatschi". Aber die ses Mal hat Hatschipu sich schon vor dem Niesen festgehalten und rutscht nicht nach unten. Dann hört er, wie jemand den kleinen Jungen ruft. Es ist seine Mutter. Sie holt ihn ins Haus, denn sie hat sein Niesen gehört. Plötzlich wird Hatschipu durch ein kräftiges Schniefen aus der Nase geschleudert.

Er landet zuerst in einem Papiertaschentuch und dann in einem überfüllten Abfalleimer. Hier ist es aber gar nicht schön. Hatschipu liegt zwischen Krümeln, Staubflocken und anderem Müll. Doch schon kurze Zeit später wird er hin und her gerüttelt und mit dem anderen Müll fortgetragen. Wohin es geht, wollt ihr wissen? Hatschipu wird in eine Mülltonne geworfen. Doch er hat Glück. Das Taschentuch fällt neben die Tonne und die Frau geht, ohne es bemerkt zu haben. Nun liegt er hier und denkt an seine Wolke und seine Geschwister. Doch da hört er seinen Freund, den Wind. Er kommt um die Ecke gebraust und bläst das Taschentuch mit Hatschipu weit fort. Hatschipu landet vor einem großen Stein und ist sehr erschöpft. Doch schon kurze Zeit später hat er sich auch davon wieder erholt und hält erneut Ausschau nach einem anderen Opfer. Da sieht er ein Mädchen. Es setzt sich direkt neben ihn auf den Stein, zieht Schuhe und Strümpfe aus und patscht bei diesem windigen Wetter mit nackten Füßen in einer Pfütze herum. Das ist Hatschipus nächstes Opfer. Er wartet den Windstoß ab und dann fliegt er im hohen Bogen auf die Nasenspitze des Mädchens. Schnell schlüpft er in ein warmes Nasenloch. Auch hier schlängelt Hatschipu sich durch die vielen Nasenhaare hindurch nach oben. Mit einem Mal hört er ein lautes „Hatschi“ und wird dabei in dem Nasenloch hin und her geschleudert. Schon wieder hat Hatschipu es geschafft, er hat dem Mädchen einen Schnupfen gebracht. Doch dieser Schnupfen ist ganz besonders heftig. Immer wieder muss das Mädchen niesen und beim letzten Hatschi wird der kleine, freche Schnupfenvirus aus der Nase geschleudert und landet direkt auf einer Blume. Dort schaukelt er im Wind hin und her und muss sich erst einmal von seinem erneuten Abenteuer ausruhen. Für heute hat er genug Menschenkinder geärgert. Jetzt möchte er in seine Wolke zurück. Darum ruft er den Wind. Wie immer kommt er schnell angebraust, packt Hatschipu und bringt ihn in die Wolke zurück. Dort liegen schon seine Geschwister und schnarchen laut im Chor. Hatschipu legt sich dazu, und im Nu ist auch er eingeschlafen.

Auswertung:

Gespräch darüber, wie ein Schnupfen entsteht und wie man sich vor ihm schützen kann.

Fünf Wichtel

Mit beiden Händen ein Dach bilden.	In dieses wunderschöne Haus geht heute niemand ein noch aus.
Die Finger einer Hand zeigen.	Fünf Wichtel, ja, die hört man pusten, die hört man stöhnen und auch husten.
Daumen zeigen und Hand vor den Kopf legen. Zeigefinger zeigen und auf den großen Zeh deuten.	Dem Ersten tut der Kopf so weh, dem Zweiten schmerzt der große Zeh.
Mittelfinger zeigen und Hand an die Wange legen.	Der Dritte fühlt sich heut ganz heiß,
Ringfinger zeigen und mit der Hand über die Stirn streichen.	dem Vierten rinnt vom Kopf der Schweiß.
Kleinen Finger zeigen und an den Bauch fassen. Auf die Ohren zeigen.	Dem Fünften, ja, dem kneift der Bauch und Ohrenschmerzen hat er auch.
Die Finger einer Hand in die andere Hand legen.	Fünf Wichtel liegen krank im Bett, der Doktor kommt, denn er ist nett.
Pantomimisch ein Rezept schreiben.	Verschreibt nun Saft und auch Tabletten, damit kann er die Wichtel retten.
Die ausgestreckten Finger einer Hand zeigen. Mit den Fingern am Arm hoch- und wieder herunterlaufen.	Die Wichtel sind schnell wieder munter, laufen die Berge rauf und runter.
	Die Krankheit, die ist überwunden, die Schmerzen, die sind schnell verschwunden.

Katrins Taschentücher

Ablauf:

Die Kinder knien in einem Kreis auf dem Boden, in der Kreismitte liegen 22 Papiertaschentücher. Die Erzieherin liest die Geschichte laut vor. Jedes Mal, wenn das Wort „Taschentuch" oder „Taschentücher" vorkommt, versuchen die Kinder, so schnell wie möglich ein Taschentuch zu greifen. Das Kind, das zuerst ein Taschentuch gefasst hat, darf dieses behalten. Die anderen müssen ihr Taschentuch wieder in die Kreismitte zurücklegen. Am Schluss der Geschichte wird nachgezählt, wer wie viele Taschentücher erhaschen konnte.

Auf einer Parkbank liegen viele schneeweiße Taschentücher. Sie gehören der kleinen Katrin. Sie ist seit Tagen verschnupft und braucht deshalb, wo sie geht und steht, ein Taschentuch. Katrin spielt im Sandkasten und zwischendurch, wenn ihr mal wieder die Nase läuft, rennt sie zur Bank und holt sich ein Taschentuch. Heute ist ein schöner Tag und viele junge und alte Menschen sind im Park. Sie gehen allein oder mit ihrem Hund spazieren, spielen auf der Wiese oder ruhen sich auf der Bank aus, auf der Katrins Taschentücher liegen. Ein kleiner Junge, der sich auf die Parkbank setzt, entdeckt die Taschentücher. Da auch er seit Tagen verschnupft ist und wie immer kein Taschentuch dabei hat, nimmt er ein Taschentuch von Katrin, putzt sich die Nase, wirft das Taschentuch in den Papierkorb und geht weg. Kurz darauf läuft Monika an der Bank vorbei, sieht die Taschentücher und da auch sie kein Taschentuch hat, nimmt sie schnell ein Taschentuch mit. Im Lauf des Nachmittags entdecken viele Spaziergänger die Taschentücher, nehmen ein Taschentuch und gehen weiter.

Katrin bekommt von all dem nichts mit. Sie spielt unbekümmert im Sandkasten. Nun liegt nur noch ein Taschentuch auf der Bank. Plötzlich kommt eine Windbö, erfasst das Taschentuch und trägt es fort. Jetzt fliegt das letzte Taschentuch von Katrin durch die Luft. Ein Hund läuft bellend hinter dem Taschentuch her. An einem Zaun bleibt das Taschentuch hängen. Der Hund schnappt das Taschentuch und läuft damit fort. O je, jetzt läuft Katrins Nase. Schnell geht sie zur Bank, um sich ein Taschentuch zu holen. Doch was ist das? Alle Taschentücher sind fort! „Macht nichts“, sagt sie leise, „wenn ich kein Taschentuch mehr habe, dann ziehe ich eben die Nase hoch.“ Gesagt, getan, und da es schon spät ist, geht Katrin nach Hause.

Das Schnupfenpüppchen

Material: Papiertaschentücher, Wattepad, Nähgarn, Filzstifte

Anleitung: Aus der Watte wird ein kleiner Kopf geformt und in die Mitte des Taschentuches gelegt. Nun wird mit dem Nähgarn ein Teil als Kopf abgebunden. Die vier herunterhängenden Zipfel werden Beine und Arme. Auch sie können mit dem Nähgarn abgebunden werden. Nun kann das Schnupfenpüppchen vorsichtig mit den Filzstiften angemalt werden.

Der Schnupfenzwerg

Material: eine Standleiter, ein Strauß Wiesenblumen (oder ein Strauß Papierblumen), eine große Tasse, ein Handspiegel, zwei große, braune oder grüne Tücher (gefärbte Betttücher), ein Umhang, eine rote Zipfelmütze, rote Theaterschminke

Raumvorbereitung: Die Standleiter wird aufgestellt. Darüber hängt die Erzieherin die Betttücher. Damit ist der Berg, in dem der Schnupfenzwerg lebt, fertig.

Zunächst wird das Darstellungsspiel als Reimgeschichte (ohne die Regieanweisungen) vorgelesen. Danach stellt ein Kind den Schnupfenzwerg dar, der eine rote Zipfelmütze trägt und eine rote Nase (Theaterschminke oder Rouge) hat, ein anderes Kind mit einem Umhang ist die Fee.

In einer Höhle in dem Berg,
da wohnt ein kleiner Schnupfenzwerg.
(Ein Kind sitzt in oder hinter der Leiter.)
Den ganzen Tag hört man ihn husten,
man hört ihn niesen, hört ihn prusten.
(Kind niest und hustet leise.)
Er traut sich selten aus dem Haus,
steckt ab und zu den Kopf heraus.
(Das Kindergesicht taucht auf.)
Die Nase, die ist feuerrot,
der kranke Zwerg hat große Not.
Er friert und zittert, ach o Schreck,
(Kind klappert mit den Zähnen.)
wie kriegt er nur den Schnupfen weg?

Der Schnupfenzwerg legt sich ins Bett,
ach, wenn er doch nur Hilfe hätt.
(In die Höhle zurückgehen und husten.)
Sein Husten hört die Kräuterfee,
sie kommt und bringt dem Zwerg nun Tee.
(Kind als Kräuterfee bringt eine Tasse Tee und geht wieder.)
Den trinkt er viele Tage lang,
auf einmal ist er nicht mehr krank.
(Die rote Nase wegwischen.)
Sein Schnupfen ist nun endlich fort,
den Zwerg sieht man jetzt hier am Ort
springen, tanzen und sich drehn.
(Kind kommt aus der Höhle und tanzt.)
„So ohne Schnupfen ist es schön",
ruft der Zwerg und dreht sich schnell,
immer auf derselben Stell.
Der Zwerg schaut sich im Spiegel an,
was er da wohl entdecken kann?
(Handspiegel aus der Höhle holen und hineinschauen.)
Jetzt kriegt er aber einen Schreck,
die rote Nase, die ist weg.
(Kind fasst sich erstaunt an die Nase.)
Gesund ist nun der Schnupfenzwerg,
er läuft ganz schnell um seinen Berg,
(Einmal um den Berg laufen.)
Dann pflückt er für die Kräuterfee
sehr viele Blumen und auch Klee.
Die bringt er ihr und sagt ihr Dank,
(Kind holt den Blumenstrauß und gibt ihn der Fee.)
denn endlich ist er nicht mehr krank.
(Kind verschwindet hinter dem Berg.)

Das Schicksal der Familie Nase

Material:

5 größere Pappkreise, 5 Holzstäbe, ein Eierkarton, Hutgummi, Betttuch, Schnur, Schere, Klebstoff, Wachsstifte, Wolle

Vorbereitung:

Auf 4 Pappkreise werden beidseitig die Gesichter einer Familie im Profil gemalt. Jedes Gesicht bekommt eine auffällige Nase: Vater Nase bekommt eine runde Knollennase, Mutter Nase eine lange, spitze Nase, Sohn Kasimir eine Himmelfahrtsnase und Tochter Lena eine kleine Stupsnase. Die Nasen der einzelnen Familienmitglieder werden auf einer Seite des Pappprofils rot angemalt. Die Pappkreise mit den Gesichtern werden an je einem Stab befestigt. Diese Stabfiguren bekommen nun noch Haare aus Wolle. Der letzte Pappkreis wird gelb angemalt oder mit gelbem Tonpapier beklebt und als Sonne ebenfalls an einem Stab befestigt.
Aus einer Eierwabe werden vier Vertiefungen ausgeschnitten, mit Hutgummi versehen und rot, gelb, grün, blau angemalt. Sie werden im Spiel als Tropfenfänger benutzt.

Ablauf:

Die Kinder sitzen im Kreis. Die Erzieherin zeigt den Kindern die vier Stabfiguren. In einem Gespräch wird erarbeitet, was an den Gesichtern besonders auffällig ist. Danach erzählt sie die folgende Geschichte und zeigt dazu die entsprechenden Gesichter. Die Kinder üben die Geräusche ein, die in der Geschichte vorkommen. Nun werden die Rollen verteilt, das Betttuch wird über die quer durch den Raum gespannte Schnur gehängt und die Geschichte wird als Stabfigurenspiel dargestellt.

Kennst du schon Familie Nase? Schau gut hin und hör gut zu, denn ich möchte sie dir nun vorstellen. Das ist Herr Nase. (Stabfigur Vater zeigen.) Er wird auch Herr Knollennase genannt, weil er mitten im Gesicht eine runde, dicke Knollennase hat. Herr Nase hat eine Frau. Auch sie hat eine auffällige Nase. Die ist lang und spitz und deshalb wird sie Frau Spitznase genannt. (Stabfigur Mutter zeigen.) Herr Knollennase und Frau Spitznase haben zwei Kinder. Natürlich haben auch die ganz besondere Nasen. Der Sohn Kasimir hat eine Himmelfahrtsnase und Lena, die kleine Tochter, hat eine kleine Nase, eine Stupsnase. (Stabfiguren Kasimir und Lena zeigen.)

Familie Nase hat ein großes Problem, denn ihre Nasen sind nicht nur besonders auffällig, sondern auch besonders empfindlich. (Mit den Stabfiguren wackeln.) Bei jedem kräftigen Windzug, bei Kälte und bei Regen fangen ihre Nasen an zu laufen und man hört Familie Nase niesen und prusten. (Die Kinder machen entsprechende Geräusche.)

Diese Tage mag Familie Nase nicht, denn dann müssen sie ununterbrochen ihre Nasen putzen. (Nasenputzgeräusche machen.) Vom vielen Putzen werden sie knallrot und leuchten schon von weitem. (Die Gesichter werden gedreht, sodass die roten Nasen zu sehen sind. Dann verschwinden sie hinter dem Betttuch.)
Eines Tages hat Kasimir eine gute Idee. (Stabfigur Kasimir taucht auf.)
Er bastelt für seine Schwester Lena mit der Stupsnase einen gelben, für seinen Vater mit der Knollennase einen blauen, für seine Mutter mit der Spitznase einen roten und für sich und seine Himmelfahrtsnase einen grünen Tropfenfänger. Diese wunderbaren Tropfenfänger hängen sich sein Vater, seine Mutter, seine Schwester und er unter die Nase. (An die Nasen werden die Tropfenfänger gehängt und alle Gesichter tauchen auf.) Das befreit die Familienmitglieder zwar vom Naseputzen, aber deshalb müssen sie trotzdem noch niesen. (Niesgeräusche machen.)

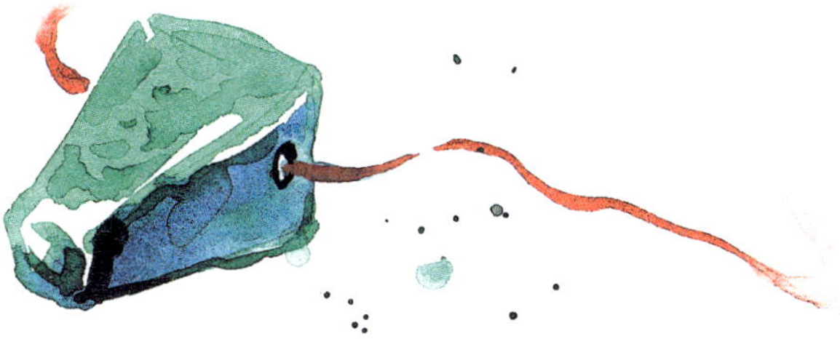

Und bei jedem Niesen fallen ihnen die Tropfenfänger von der Nase. (Die Tropfenfänger rutschen herunter.) Die Idee von Kasimir war also doch nicht so gut und deshalb beschließen sie, die Tropfenfänger nicht mehr zu benutzen. (Die Tropfenfänger werden entfernt, die roten Nasen sind zu sehen.) Nun verbringt Familie Nase die kalten, regnerischen und windigen Tage wieder mit Niesen, Schniefen und Schnäuzen. (Nies-, Schnief- und Schnäuzgeräusche machen.)
Einen Trost hat Familie Nase aber. Sie weiß ganz genau, sobald die Sonne scheint, ist der Schnupfen wie weggeblasen. (Die Sonne taucht auf.) Jetzt sind ihre Nasen nicht mehr rot. (Stabfiguren drehen, sodass die normalen Nasen zu sehen sind.) Dann hält Vater seine Knollennase, Mutter ihre Spitznase, Lena ihre Stupsnase und Kasimir seine Himmelfahrtsnase der Sonne entgegen. Das tut gut. Endlich sind sie ohne Schnupfen und können sich bis zu den nächsten kalten, windigen und regnerischen Tagen erholen. Doch sobald sich das Wetter wieder verändert, hört man Familie Nase wie immer niesen, schniefen und schnäuzen. (Nies-, Schnief- und Schnäuzgeräusche machen.)

Abschluss: Andere Kinder übernehmen die Stabfiguren und das Stück kann noch einmal gespielt werden.

Der Duftbaum

Auch Düfte können einen Schnupfen schneller abklingen lassen. Es ist also durchaus sinnvoll, während der Schnupfenzeit Duftlampen im Raum aufzustellen. Duftöle, die speziell bei Erkältungskrankheiten angewandt werden können, sind z. B.: Eukalyptus (Husten, Erkältung), Bergamotte (Fieber), Lavendel (Grippe) und Zitrone (Fieber).

Material:

viele Teelichter in Gläsern, ein schönes Tuch, eine große Kerze, eine kleine Schale mit duftenden Trockenblüten, Duftöl (Lavendel), ein CD-Spieler mit ruhiger Musik, eine kleine Lampe, für jedes Kind eine Decke und einige Wattebäusche, Zitronenöl, andere der oben genannten Duftöle

Raumvorbereitung:

Der Raum ist erwärmt, verdunkelt und mit den Teelichtern erhellt. Die Decken für die Kinder werden strahlenförmig im Kreis ausgelegt. In die Kreismitte wird das Tuch gelegt und darauf die Kerze gestellt. Die Schale mit Trockenblüten, das Duftöl und für jedes Kind ein Wattebausch stehen griffbereit. Die Kerze und die Teelichter erhellen den Raum.

Einstieg:

Die Kinder sitzen in bequemer Kleidung im Schneidersitz auf den Decken. Die Erzieherin bittet die Kinder, die Augen zu schließen und der ruhigen Musik, die sie nun anstellt, zu lauschen. Nach einiger Zeit werden sie aufgefordert, mit der Hand eine Schale zu bilden. Dort hinein legt die Erzieherin einige Duftblüten aus der Schale. Spüren die Kinder diese, öffnen sie die Augen und können daran riechen. Haben sie den Duft in sich aufgenommen, bringen sie die Blüten in die Mitte auf das Tuch zurück und legen sich entspannt in Rückenlage auf ihre Decke. Die Erzieherin spricht dann in ruhigem Ton folgenden Text.

Leg dich locker und bequem hin.
Schließ deine Augen und lausche der Musik.
Atme tief ein und aus und spüre, wie du bei jedem Atemzug ruhiger wirst.
(Die Erzieherin legt für jedes Kind einen Wattebausch bereit.)

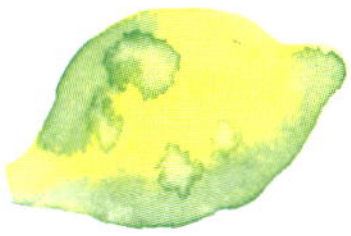

Nun lade ich dich ein, mit mir eine Reise zu einem ganz besonderen Baum zu machen. Es ist ein Duftbaum.
Er schenkt dir Kraft und stärkt deine Gesundheit.
Stell dir vor, du bist auf einer großen Wiese.
Schau dich um, was kannst du entdecken?
Hör einmal, was kannst du hören?
Riech einmal, was kannst du riechen?
Nun wollen wir den Duftbaum suchen.
Es ist ein großer, Baum und an ihm hängen gelbe Früchte.
Es sind Zitronen, große, gelbe Zitronen.
Hast du den Baum gefunden?
Schau mal, dort drüben steht er …

Du gehst langsam auf ihn zu.
Der Baum lädt dich ein, unter ihm zu verweilen.
Komm, leg dich nun unter ihn und atme seinen Duft tief ein.
(Die Erzieherin tropft auf die Wattebäusche das Zitronenöl.)
Auf einmal fällt etwas auf deine Stirn.
(Die Erzieherin legt jedem Kind einen Wattebausch auf die Stirn.)

Pause

Beweg nun langsam deine Finger, deine Hände, deine Arme, deine Zehen, deine Füße, deine Beine, deinen ganzen Körper, reck und streck dich, gähn laut, öffne die Augen und fasse auf deine Stirn.

Schluss:

Die Kinder betrachten den Wattebausch, riechen an ihm und können über ihre Empfindungen sprechen. In einem Gespräch wird den Kindern deutlich gemacht, dass es Düfte gibt, die Schnupfen, Husten und Gliederschmerzen heilen können. Verschiedene Düfte werden nun vorgestellt.

Sorgst du jeden Tag für dich?

Material:

viele Bilder aus Zeitschriften oder Kalendern, die zu den folgenden Zweizeilern passen, ein Korb mit gesunden und weniger gesunden Nahrungsmitteln, für jedes Kind ein Kärtchen mit einem Gesundheitstipp

Einstieg:

Die Erzieherin stellt den Korb mit Nahrungsmitteln in die Kreismitte. In einem Gespräch wird gemeinsam erarbeitet, welche Nahrungsmittel gesund und welche auf Dauer weniger gesund für den Körper sind. Auch mit Hilfe der Bilder, die im Vers benutzt werden, wird über Gesundheitsvorsorge gesprochen. Dann werden die Nahrungsmittel und die Bilder nach „gut“ und „weniger gut“ sortiert. Schließlich wird der folgende Vers vorgetragen und dazu jeweils das passende Bild gezeigt.

Sorgst du jeden Tag für dich,
dankt's dir dein Körper sicherlich.

Treibst du Sport, hältst du dich fit,
dann macht dein Körper lange mit.

Isst du täglich frische Sachen,
dann hat dein Körper viel zu lachen.

Trinkst du Milch und frischen Saft,
beschenkt er dich mit sehr viel Kraft.

Bist du viel draußen, glaub es mir,
dein Körper dankt dir sehr dafür.

Drum geh bei jedem Wetter raus
und bleib nicht immer nur im Haus.

Geh schwimmen, wandern, fahre Rad,
nimm, wenn du frierst, ein warmes Bad.

Iss Äpfel, Birnen, Vollkornbrot,
dann werden deine Wangen rot.

Kleine Rezepte, die sollen dich stützen,
sie sollen dir helfen und dir etwas nützen.

Mach jeden Tag die schönen Sachen,
dann wirst du immerzu nur lachen.

Du fühlst dich stark so wie ein Bär,
gesund zu leben, ist nicht schwer.

Auswertung:

Die Erzieherin gibt an diesem und den folgenden Tagen (über einen längeren Zeitraum) den Kindern kleine Gesundheitstipps. Zu Hause sollen die Kinder diesen Tipps nach Möglichkeit folgen.

Hinweis:

An einem Informationsnachmittag oder durch einen Informationsbrief werden die Eltern über diese Aktion informiert. Sie können sich an der Durchführung beteiligen, indem sie die Gesundheitstipps umsetzen helfen.

Gesundheitstipps für jeden Tag

Auf kleine Kärtchen hat die Erzieherin verschiedene Gesundheitstipps geschrieben, die am Schluss des Angebots an die Kinder verteilt werden. Diese Tipps könnten zum Beispiel lauten:

- Heute trinke ich ein Glas Milch.
- Heute esse ich einen Apfel.
- Heute mache ich einen langen Spaziergang.
- Heute nehme ich ein warmes Bad.
- Heute esse ich keine Süßigkeiten.
- Heute esse ich viel frisches Gemüse.
- Heute gehe ich ins Schwimmbad.
- Heute esse ich frischen Salat.

Gesunde Ernährung, gesunder Mensch

Jeder weiß – und auch schon unsere Jüngsten wissen es, dass ein Apfel gesünder ist als eine Tüte Chips. Aber dieses Bewusstsein ist oft noch zu schwach ausgeprägt, und der Griff zur Chipstüte fällt den Kindern leichter als der zum Apfel. Wir sollten jedoch versuchen, durch unser Vorbild, durch die täglichen Mahlzeiten, Snacks und kleinen Gerichte das Essverhalten der Kinder positiv zu beeinflussen. Deshalb möchte ich Ihnen in diesem Projekt ein paar Ideen für kleine und größere Mahlzeiten geben, die sich schnell realisieren lassen, Spaß bei der Zubereitung machen und gut schmecken.

Heiße und stärkende Gemüsesuppe

Zutaten:
1 bis 1,5 l Wasser, 2 bis 3 Gemüsebrühwürfel, 500 bis 700 g Gemüse (der Jahreszeit entsprechend, z. B. Blumenkohl, Möhren, Kohlrabi, eine Stange Lauch, frische Erbsen, Sellerie), 50 g Vollkornsuppennudeln, 50 g frisch geriebener Käse, Vollmeersalz, Kräutersalz, Pfeffer, Muskat, Thymian, Basilikum, Oregano, Petersilie, Schnittlauch und etwas Butter

Zubereitung:
Gemüse waschen, putzen, klein schneiden. Das Wasser mit den Brühwürfeln zum Kochen bringen, Salz, Kräutersalz und das Gemüse dazugeben und so lange kochen, bis das Gemüse bissfest ist. Anschließend die Nudeln in den Sud geben und etwa 6 bis 8 Minuten weiterkochen lassen. Zum Schluss die Suppe mit Gewürzen abschmecken und etwas Butter dazugeben. Vor dem Anrichten mit dem geriebenen Käse bestreuen.

Tipp:
Vollkorntoastbrot (Rinde abschneiden) in Würfel schneiden und in einer kleinen Pfanne knusprig braun braten. Diese Würfel kurz vor dem Servieren in die Suppe geben.

Kalte Tomaten-Gurken-Suppe mit Vitamin C und K

Zutaten:
600 g Tomaten, 1 Salatgurke, ½ Bund Petersilie, Salz, Pfeffer, 1 El Sonnenblumenöl, ¼ l Mineralwasser

Zubereitung:
Tomaten waschen, enthäuten und achteln. Gurke schälen und klein schneiden. Petersilie waschen. Alle Zutaten im Mixer pürieren und mit Salz und Pfeffer abschmecken. Zum Schluss Öl und Mineralwasser dazugeben.

Kerniger Fruchtspieß mit vielen Vitaminen und Calcium

Zutaten für 4 große Spieße:
2 Scheiben Vollkornbrot, 20 g Butter, 100 g Gouda, 1 kleine Banane, 2 Kiwis (alternativ: Erdbeeren, Orangen oder Äpfel), 4 Schaschlikspieße

Zubereitung:
Die Brotscheiben werden mit Butter bestrichen und mit Käse belegt und zusammengeklappt. Danach wird dieses Sandwich in regelmäßige kleine Würfel geschnitten. Das Obst wird gewaschen, geschält und ebenfalls in Würfel geschnitten. Nun werden abwechselnd die Sandwichstücke und die Obstwürfel auf den Spieß gesteckt. Dazu schmeckt ein Glas Milch.

Apfel-Quark-Creme mit Vitamin C, D und Calcium

Zutaten:
200 g Speisequark, Mineralwasser, 1 Apfel, etwas Zitronensaft, 1 TL Zimt, 1 TL Honig

Zubereitung:
Quark mit einem Schuss Mineralwasser anrühren, bis er schön cremig ist. Den Apfel waschen, schälen und auf einer Reibe raspeln. Mit Zitronensaft beträufeln. Zum Schluss die Apfelraspeln, Zimt und Honig zur Quarkcreme geben und gut verrühren.

Milchmixgetränk mit vielen Vitaminen und Calcium

Zutaten:
½ l Milch, 100 g Vollmilchjogurt, 100 g frische Früchte, eventuell etwas Honig

Zubereitung:
Obst waschen, schälen und in Stücke schneiden. Etwas Milch und das Obst mit einem Pürierstab zerkleinern. Schließlich die restliche Milch und den Jogurt dazugeben und eventuell mit etwas Honig süßen.

Ananas-Orangensaft-Mix mit viel Vitamin C

Zutaten:
0,7 l Ananassaft, 0,7 l Orangensaft, 0,7 l Birnensaft, Saft einer halben Zitrone, 1 kleine, frische Ananas

Zubereitung:
Die Säfte in eine große Schüssel geben. Die Ananas schälen, das Fruchtfleisch im Mixer schaumig schlagen, zu den Säften geben und umrühren.

Kleine Geschenke für kranke Menschen

Kleine Geschenke bereiten Freude, und Freude trägt dazu bei, dass ein kranker Mensch schneller wieder gesund wird. Daher wirkt ein kleines, selbst gebasteltes Geschenk oft Wunder.

Gesundheitspüppchen

Material: ein schönes Stück einfarbiger, heller Stoff in der Größe eines Herrentaschentuches, Watte, Wolle, Stoffmalstifte, ein Stück Filz

Anleitung: Aus Watte wird eine Kugel geformt und in die Mitte des Tuches als Kopf gelegt. Mit einem Stück Wolle wird das Tuch unterhalb der Kugel fest abgebunden und darauf ein Gesicht gemalt. Dann werden zwei gegenüberliegende Tuchspitzen zu je einer Hand abgebunden. Jetzt kann das restliche Tuch mit Stoffmalfarbe bemalt werden, sodass aus dem Gesundheitspüppchen eine farbenfrohe Erscheinung wird. Auf den Kopf werden nun noch Haare aus kurzen Wollfäden geklebt, die mit einem kleinen Kopftuch aus Filz bedeckt werden können.

Duftbeutel

Material: ein schönes Stück Stoff, eine Zackenschere, eine dünne Kordel, bunte Perlen, Duftkräuter, getrocknete, duftende Blütenblätter (in Parfümerien oder Bioläden erhältlich)

Anleitung: Aus dem Stoff wird mit der Zackenschere ein größeres Quadrat geschnitten. In die Tuchmitte werden reichlich Duftblätter und Kräuter gelegt. Nun wird der Stoff zusammengeschlagen und mit der dünnen Kordel fest zugebunden, verknotet und so abgeschnitten, dass zwei lange Kordelstücke hängen bleiben. Auf diese werden schöne Perlen gefädelt.

Duftsäckchen

Material: ein größeres Stück einfarbiger Stoff, eine Schere, eine Nähmaschine, Stoffmalstifte, ein Bügeleisen, Duftkräuter oder -blätter, Nadel und Faden

Anleitung: Aus dem Stoff wird ein größeres Quadrat geschnitten. Dann wird der Stoff mit Stoffmalfarbe bemalt und von links gebügelt, sodass die Farbe fixiert wird. Anschließend näht die Erzieherin daraus einen Beutel. Dieser wird mit Duftblättern oder Kräutern gefüllt und von den Kindern unter Anleitung der Erzieherin mit Nadel und Faden zugenäht.

Duftfrüchte

Material: Zitronen oder Apfelsinen, getrocknete ganze Nelken, Stecknadel

Anleitung: Mit der Stecknadel werden rundherum kleine Löcher in die Zitronen oder Apfelsinen gestochen. Dann werden die Früchte mit den Nelken gespickt, indem die kurzen Stängel der Nelken in die Löcher gesteckt werden. Nun müssen die Zitrusfrüchte an einem luftigen, dunklen Ort aufbewahrt werden, damit sie nicht zu faulen beginnen. Nach etwa einer Woche sind die Schalen eingetrocknet und die Früchte verströmen ihr frisches Aroma, angereichert mit dem Duft der Nelken.

Duftkugeln

Material: Tennisbälle oder Styroporkugeln, getrocknete, duftende Blütenblätter, Kleister, Pinsel, dünnes Goldschmuckband auf einer Rolle, ein Teller

Anleitung: Der Tennisball oder die Styroporkugel wird mit Kleister eingeschmiert. Danach wird der Ball in dem Teller mit den getrockneten, duftenden Blütenblättern so lange herumgedreht, bis er zu einer rundum bedeckten Duftkugel geworden ist. Die trockene Duftkugel wird mit einem Stück dünnem Goldband gefasst und kann aufgehängt werden.

Einstiegs-
geschichte

Schnüpperli, der Frühlingsdetektiv

Material: viele Moosstücke, ein Weidenkorb, ein Plüschhase, Frühlingsschätze wie Blumenzwiebeln, frisches Gras, Blumen, ein Zweig mit Knospen, Löwenzahnblätter usw., ein Messer, ein CD-Spieler und ruhige Musik

Einstieg: Die Kinder sitzen im Kreis und die Erzieherin lädt sie zu einem Finger-Ratespiel ein. Dazu beginnt sie mit dem folgenden Text.

Jeder von euch hat schon einmal einen Schnüpperli gesehen. Ach, ihr wisst nicht, wer das ist? Dann hört einmal gut zu, denn mit diesem Fingerspiel wird das Geheimnis gelöst.

Mit dem Zeigefinger in die Runde zeigen.	Jedem hier in diesem Land ist dieses Tier sehr gut bekannt.
Mit einer Hand über den Handrücken der anderen Hand streichen.	Es hat ein weiches Schmusefell
Mit der Hand das Hoppeln andeuten.	und hoppelt blitzschnell von der Stell.
Mit den Zeigefingern große Ohren in die Luft malen.	Mit Löffeln wurde er geboren, so nennt man seine großen Ohren.
Mit der Hand das Hoppeln andeuten.	Er hoppelt in die Welt hinaus, in Feld und Wald kennt er sich aus.
Die vier Finger auf den gekrümmten Daumen legen und schnell auf und ab bewegen.	Er frisst Möhren, frisches Gras
Mit einer Hand über den Handrücken der anderen Hand streichen.	und ist sein weiches Fell mal nass,
Mit beiden Armen eine Sonne malen.	ruht er sich in der Sonne aus
Hoppelbewegungen machen.	und hoppelt dann vergnügt nach Haus.

Mit einem Finger einen Kreis in die Luft malen.
Die Lippen spitzen und mit dem Finger antippen.

Sein Stummenschwanz ist kugelrund
und etwas spitz, so ist sein Mund.

Mit den Fingern andeuten.

Die Haare dort sind lang und hart,
ich glaub das Tier hat einen Bart.

Der Jäger, der ist nicht sein Freund,
der jagt ihn, so wie einen Feind.

Die Hand hüpft hinter den Rücken.

Hört er ihn kommen, hüpft er fort
an einen ganz, ganz sich'ren Ort.

Auf ein Kind zeigen.

Nun weißt du sicher ganz gewiss,
wer dieser Schnüpperli wohl ist.

Das Kind, auf das die Erzieherin zeigt, versucht das Rätsel zu lösen.

Nun bittet die Erzieherin die Kinder, mit den Händen eine Schale zu bilden und die Augen zu schließen. Ruhige Musik aus dem CD-Spieler sorgt für eine entspannte Atmosphäre. Sie legt jedem Kind ein Stück Moos in die Hände. Nachdem die Kinder den Gegenstand durch Riechen und Fühlen identifiziert haben, öffnen sie die Augen. Gemeinsam wird eine Mooswiese in die Kreismitte gelegt. Danach schließen die Kinder wieder die Augen und die Erzieherin stellt einen Plüschhasen auf das Moos. Die Musik wird abgestellt und die Kinder können die Augen öffnen. Die Erzieherin stellt ihnen den Hasen Schnüpperli vor. Er wird im Kreis herumgereicht und die Kinder können ihn befühlen. Nachdem alle Kinder ihn einmal auf dem Schoß hatten, wird er wieder in die Mitte auf das Moos gesetzt. Dann erzählt die Erzieherin folgende Geschichte.

So wie die Menschen hat auch Schnüpperli seine Lieblingsjahreszeit. Es ist nicht der Winter. Nein, diese Jahreszeit mag er nicht, weil er dann friert und nirgends etwas zu fressen findet. Es ist auch nicht der Sommer, da ist es ihm viel zu heiß. Dann schwitzt er und seine langen Löffel hängen schlapp am Kopf herunter. Es ist auch nicht der Herbst. Der ist ihm viel zu gefährlich. Erst im letzten Jahr ist ihm etwas Schreckliches passiert. Als er über eine Wiese hoppelte und unter einem Apfelbaum eine Pause gemacht hat, da ist ein riesiger Apfel zu Boden gefallen. Beinahe wäre er auf seinem Kopf gelandet. Doch Schnüpperli hatte Glück. Er ist direkt hinter seine Schwanzspitze gefallen. Schnüpperli hat sich so erschrocken, dass er wie ein Blitz in den Wald gerannt ist. Dabei ist er aber über eine Baumwurzel gestolpert und hat sich einen Fuß verstaucht. Wochenlang musste Schnüpperli durch die Gegend humpeln. Nein, das soll ihm nicht noch einmal passieren und deshalb hält er sich im Herbst lieber im Wald auf.
Schnüpperlis Lieblingsjahreszeit ist, wie jetzt jeder erraten kann der, (die Kinder können raten) … Frühling. In dieser Zeit kennt man ihn gar nicht wieder. Ausgelassen hoppelt er stundenlang auf der Wiese hin und her und ist damit beschäftigt, den Frühling zu entdecken. Er ist wie ein Detektiv immer auf der Suche nach neuen Dingen. Mit seinen Ohren kann er gut hören, mit seiner Nase kann er gut riechen, mit seiner Zunge kann er gut schmecken und seine Barthaare erfühlen das, was um ihn herum ist. Er hat aber auch sehr scharfe Augen. Alles ist für Schnüpperli interessant und nichts ist ihm zu gefährlich. Er zwängt sich durch das Gestrüpp, kraxelt zwischen den Steinen herum und traut sich, unbekannte Wege zu gehen. Überall findet er etwas, was er beschnuppern, beknabbern oder bestaunen kann. Noch nie war eine andere Jahreszeit für ihn so spannend wie der Frühling. Wenn Schnüpperli etwas so interessant findet, dass er es mitnehmen will, dann schubst er es so lange vor sich her, bis er zu Hause angelangt ist. Dort versteckt er seinen Frühlingsschatz, und wenn er dann einmal von seinen Freunden, den anderen Hasen, Besuch bekommt, holt er seine Schätze hervor. Schnüpperli kann zu jedem Fundstück etwas erzählen

und er ist auf jedes Teil stolz. Manchmal machen alle Hasen das Frühlingsfühl-, -lausch-, -riech- und -knabberspiel. Dann müssen seine Freunde mit verbundenen Augen seine Schätze fühlen, schmecken, riechen oder hören. Das ist sehr spannend, und jeder, der richtig geraten hat, bekommt von Schnüpperli ein großes Löwenzahnblatt. Am Schluss des Spieles knabbern die Hasen voller Genuss an ihren Blättern, denn es ist oft die erste frische Mahlzeit nach einem langen, harten Winter. Erst spät in der Frühlingsnacht hoppelt jeder Hase nach Hause zurück. Schnüpperli ist zufrieden mit dem Frühlingstag und freut sich schon auf den nächsten und darauf, was er alles wieder entdecken kann. Doch jetzt ist er müde und schläft ganz schnell ein.

Abschluss:

Die Erzieherin stellt einen Korb in den Kreis. In ihm sind viele Schätze, die Schnüpperli gefunden hat. Sie hat sich den Korb ausgeliehen, damit die Kinder wie Schnüpperli mit seinen Freunden das Frühlingsspiel auch gemeinsam durchführen können.
Den Kindern werden nun die Augen verbunden (oder sie schließen sie) und Dinge wie Löwenzahn, Blumenzwiebeln, frisches Gras, ein Ast mit Knospen, eine Blume usw. können mit allen Sinnen erraten werden. Die Kinder sollten aber nicht an den Gegenständen knabbern!

Anregung:

Um in der kommenden Zeit das Wachsen und Entstehen einer Blume oder von verschiedenen Gemüsesorten beobachten zu können, wäre es schön, wenn ein kleiner Garten angelegt werden könnte. Auch in großen Kartons oder Kästen kann etwas ausgesät oder gepflanzt werden. So ganz nebenbei kann dann bei der Arbeit draußen bestimmt noch viel entdeckt werden und die Kinder können ihre Kenntnisse „praktisch“ vertiefen.

Frühlingswetter

Material: mehrere Rasseln oder mit Reis gefüllte Plastikbecher, einige Handtrommeln oder Butterbrotpapierstreifen, mehrere Triangeln oder Löffel

Einstieg: Die Erzieherin geht mit den Kindern nach draußen. Für eine kurze Zeit können sie sich dort ein wenig austoben. So ganz nebenbei geht sie in einem Gespräch auf das herrschende Wetter ein. Zurück im Gruppenraum setzen sich die Kinder in Kreisform nieder und die Erzieherin stellt folgendes Rätsel.

Was ist das?

Mal ist es kalt, mal ist es heiß,
mal läuft mir vom Kopf der Schweiß.
Mal ist es trocken und mal nass,
mal macht's den Kindern richtig Spaß.
Mal fall'n vom Himmel weiße Flocken,
die uns dann nach draußen locken.
Mal knallt und kracht es ganz schön laut,
mal dringt der Wind bis auf die Haut.
Mal ist es laut, mal ist es still,
es weiß oft gar nicht, was es will.
Sag mir schnell, wenn du es weißt,
wie dieser kleine Schelm wohl heißt.

(Frühlingswetter)

Haben alle diese Aufgabe gelöst, dann trägt die Erzieherin den folgenden Vers vor. Danach folgt ein Gespräch und die Klangmaterialien werden in die Mitte gestellt. Nach einer kurzen Experimentierphase werden sie dem Wetter zugeordnet. Anschließend wird der Vers noch einmal von der Erzieherin erzählt und mithilfe der Klangwerkzeuge verklanglicht. So kann beispielsweise mit einer Rassel oder einem mit Reis gefüllten Plastikbecher der Regen verklanglicht werden, das Reiben auf der Handtrommel oder das Rascheln des Butterbrotpapiers stellt den Wind dar und die Triangel mit ihrem hellen Klang steht für die strahlende Sonne.

Kommt, lasst uns nach draußen gehn,
denn dieser Frühlingstag ist schön.
Und der warme Frühlingsregen
bringt der Natur nun sehr viel Segen.
Er schenkt den Pflanzen so viel Kraft,
sonst hätten sie es nicht geschafft,
neu zu wachsen, fest zu stehen,
den Frühling kann nun jeder sehen.

Kommt, lasst uns nach draußen gehn,
denn dieser Frühlingstag ist schön.
Und der warme Frühlingswind
streichelt jedes Menschenkind,
streichelt sanft auch jedes Tier,
er kommt bestimmt auch noch zu dir.
Der Wind schenkt uns die Blütenpracht,
er hat die Erde bunt gemacht.

Kommt, lasst uns nach draußen gehn,
denn dieser Frühlingstag ist schön.
Und die warme Frühlingssonne
vertreibt die Kälte, welche Wonne.
Ohne warmen Sonnenschein
könnten wir nicht glücklich sein.
Die Sonnenstrahlen brauchen wir
und auch die Pflanze und das Tier.

Kommt, lasst uns nach draußen gehn,
denn dieser Frühlingstag ist schön.
Ob Sonne, Wind oder auch Regen,
gar jedes Wetter muss es geben.
Sonst wär's nicht schön auf dieser Welt,
die uns allen gut gefällt.
Drum lasst uns jetzt nach draußen gehn
und nach dem Frühlingswetter sehn.

Auswertung:

Noch einmal gehen die Kinder nach draußen und nun wird bewusst auf das Wetter eingegangen.

Eine Wetterstation

Material:

ein großer Bogen Pappe, ein großes Einmachglas, viele Glöckchen an einem Band, eventuell Folien, Scheren, Stöcke und Bänder

Durchführung:

Die Erzieherin hat auf dem Pappbogen ein Raster mit Kästchen aufgezeichnet. In der obersten Zeile sind die Symbole für Sonne, Regen, Wind, Wolken usw. eingezeichnet. In der ersten Spalte stehen die Wochentage. An den einzelnen Wochentagen kann nun angekreuzt werden, welches Wetter herrscht.

Das Einmachglas ist mit Strichen versehen, so dass man ablesen kann, wie viel Regen gefallen ist.
Die Erzieherin zeigt den Kindern, die im Kreis sitzen, das Material für die Wetterstation, die nun gemeinsam errichtet wird. Dazu wird das Plakat in der Gruppe aufgehängt und das Glas nach draußen gestellt.

Damit die Kinder den Wind hören können, werden die Glöckchen in einen Baum gehängt. Nun kann das Frühlingswetter in den nächsten Tagen genau beobachtet werden, denn es wird durch diese Hilfsmittel sichtbar, hörbar, messbar und ablesbar gemacht.
Wenn die Kinder Interesse haben, können im Freispiel mit Bändern, Folien und Stöcken Windmühlen gebastelt werden, die dann auch draußen aufgestellt oder aufgehängt werden.

Die Frühlingswiese

Material:

für die Erzieherin und jedes Kind ein etwa 10 cm breiter Streifen grünes Papier, mehrere kleine, farbige Faltblätter, eine Schere, Klebstoff, ein weißes Malblatt, außerdem ein CD-Spieler und ruhige Musik, ein Tulpenstrauß

Vorbereitung:

Die Kinder sitzen am Tisch. Das Material liegt griffbereit.

Einstieg:

Die Erzieherin bittet die Kinder, die Augen zu schließen. Sie stellt einen Strauß Tulpen auf den Tisch. Bei ruhiger Musik betrachten die Kinder diesen Strauß. Er soll zu einem Gespräch anregen; der Name der Blume wird dabei aber nicht genannt. Die Kinder können die Blumen auch vorsichtig befühlen oder an ihnen riechen. Die Erzieherin erzählt den Kindern, dass sie diese Frühlingsblumen auf einer Wiese gepflückt habe. Da der Weg zu dieser Wiese jedoch sehr weit sei und sie mit ihnen nicht dorthin gehen könne, wolle sie mit ihnen eine eigene Wiese mit Blumen basteln. Sie holt das Material, legt es auf den Tisch und sagt folgenden Vers auf, wobei sie gleichzeitig eine Blumenwiese bastelt.

Erzieherin zeigt auf ein Kind. — Komm, ich will was mit dir machen,
Sie zeigt auf ein anderes Kind. — ich zeig dir jetzt ganz tolle Sachen.

Mit Schere, Klebstoff und Papier,
Auf das Material zeigen. — die siehst du ja, denn sie sind hier,

Auf ein Kind zeigen.

wächst ganz schnell, du wirst es sehn,
’ne Wiese, auf der Blumen stehn.

Falten, schneiden, das macht Spaß,
schau nun zu, ich zeig dir was.

Auf ein Kind zeigen.

Die Schere in die Hand nehmen.

Mit der Schere, eins, zwei, drei,
schneid ich das grüne Blatt entzwei.

Viele schmale Streifen in das Blatt schneiden.

Aus schmalen Streifen wird nun Gras
schau nur her, ich zeig dir das.

Den Streifen mit Klebstoff bestreichen und auf das weiße Blatt kleben.

Das Streifenband, du siehst es hier,
klebe ich auf das Papier.

Soll es ’ne Frühlingswiese sein,
dann müssen Blumen noch hinein.

Drum falte ich, schaut einmal zu,
eine Blume jetzt im Nu.

Das kleine Faltblatt zeigen und auf die Ecken tippen.

In dem Blatt, es hat vier Ecken,

Diagonal Spitze auf Spitze falten.

könnt ihr ein Dreieck nun entdecken.

Die Ecken rechts und links schräg hochknicken, so dass eine Blüte mit drei Spitzen entsteht.

Die beiden Ecken falt ich hoch,
ach ja, der Blumenstiel fehlt noch.

Einen Streifen aus grünem Papier schneiden.
Stiel und Blüte auf das Gras kleben.

Den schneide ich nun aus Papier,
kleb alles fest und zeige dir

Auf ein Kind zeigen. Dieses nennt den Blumennamen „Tulpe“.

die Frühlingsblume, sag du mir schnell,
ihren Namen auf der Stell.

Die Erzieherin macht nun noch 2 Tulpen und klebt sie auf das Blatt.

Ich mache viele so wie diese
und fertig ist die Frühlingswiese.

Abschluss:

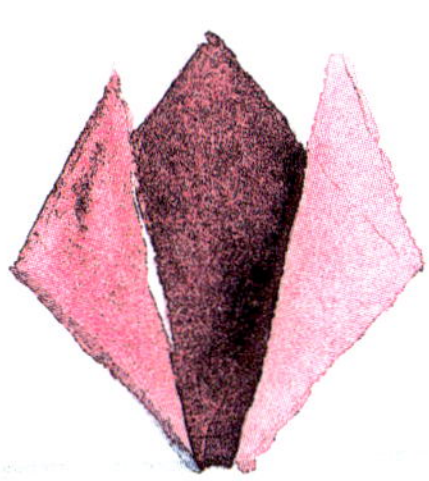

Das Material wird an die Kinder verteilt und sie gestalten nun auch eine Frühlingswiese. Dabei kann der Text noch einmal gesprochen werden. Die Bilder werden aneinander geklebt und können so eine Wand in eine fröhliche Frühlingswiese verwandeln.

Der Frühling lädt zum Wandern ein

Material: je nach Anzahl der Kinder ein oder zwei Langbänke

Durchführung: Im Turnraum oder im freigeräumten Gruppenraum bewegen sich die Kinder gemäß der folgenden Bewegungsgeschichte, die die Erzieherin erzählt.

Es ist Frühling und die ersten warmen Sonnenstrahlen wecken mich (sich selbst kitzeln) und auch dich. (Das Nachbarkind kitzeln.) Sie laden uns zum Wandern ein. Frohgelaunt und ausgeschlafen laufen wir los. (Durch den Raum laufen.) Die warme Frühlingsluft tut so richtig gut. Wir recken uns der Sonne entgegen und dann hüpfen wir weiter. (Ausgiebig recken und strecken und dann weiterhüpfen.) Unser Weg führt uns über eine Wiese. Da sie noch ein wenig feucht vom Morgentau ist, gehen wir mit großen Schritten durch das Gras. (Wie ein Storch schreiten.) O je, am Ende der Wiese ist ein Zaun. Doch mit einem Satz springen wir über den Zaun auf die andere Seite. (Mit aufgestützten Armen seitlich über die Langbank springen.) Frisch und munter hüpfen wir weiter. Plötzlich hören wir etwas. Wir bleiben stehen (stehen bleiben), lauschen (die Hand an ein Ohr halten) und schauen zum Himmel (die Hand vor die Stirn halten und nach oben schauen). Wir sehen eine große Vogelschar, die aus dem Süden zurückkommt. Sie fliegt am Himmel entlang und erfreut uns mit einem Frühlingsgesang. (Arme ausbreiten, durch den Raum „fliegen" und den Vogelgesang nachmachen.) Doch nun gehen wir weiter. Unser Weg führt uns zu einem kleinen Bach. Das Wasser plätschert so laut (Mit den Händen fest auf die Oberschenkel schlagen.), dass wir die Vögel über uns nicht mehr hören. Ein schmaler Baumstamm führt über den Bach. Vorsichtig balancieren wir über ihn zur anderen Seite. (Die Langbank umdrehen und über die schmale Seite balancieren.) Trocken sind wir auf der anderen Seite angekommen und befinden uns auf einer Frühlingswiese.

Material:

Vorbereitung:

Einstieg:

Auf ihr wachsen unzählige kleine (in die Hocke gehen) und große (auf die Zehenspitzen stellen) Blumen. Sie alle haben ihre Blütenkelche weit geöffnet (langsam die zusammengehaltenen Arme nach oben führen und sie dann langsam weit öffnen) und schauen zur Sonne. (Nach oben schauen.) Wir bleiben eine Weile still stehen, schließen die Augen und atmen den Duft der Frühlingsblumen ein. (Pantomimisch darstellen.) Dann setzen wir die Wanderung fort. (Durch den Raum gehen, laufen oder hüpfen.) Wir kommen an aufgestapelten Baumstämmen vorbei und entdecken eine Käferschar, die hintereinander über einen Baumstamm krabbelt. Am Ende des Baumstammes fliegen sie auf ein großes Blatt. Dort ruhen sich die Käfer aus. (Alle krabbeln hintereinander über die Langbank. Am Ende läuft jeder mit ausgebreiteten Armen in eine Raumecke und hockt sich auf den Boden. Dort wird eine kleine Pause eingelegt.)

Wir gehen weiter und sehen Hasen, die über unseren Weg hoppeln. (Die Kinder hoppeln durch den Raum.) Der Frühlingstag vergeht sehr schnell und langsam wird es dunkel. Wir müssen uns auf den Heimweg machen. Unterwegs kommen wir noch einmal bei den Käfern vorbei, die über den Baumstamm krabbeln und in der Abenddämmerung verschwinden. (Wieder über die Langbank krabbeln und mit ausgebreiteten Armen durch den Raum laufen.) Wir laufen weiter und sehen, dass die großen und kleinen Frühlingsblumen nun ihre Kelche geschlossen haben. (Hocken oder auf Zehenspitzen stehen, die Arme über dem Kopf zusammenführen.) Unsere Schritte werden schneller, denn es wird nun ein wenig kalt. Wir kommen zu dem Bach. Das Wasser plätschert immer noch so laut wie heute Morgen. (Mit den Händen auf die Oberschenkel schlagen.) Vorsichtig balancieren wir über den Baumstamm zur andern Seite. (Über die Langbank balancieren.) Wir laufen und erreichen die Wiese, springen über den Zaun (seitlich über die Langbank springen) und schreiten wieder durch das von der Abendluft feuchte Gras. (Gehen wie ein Storch.) Doch nun laufen wir, so schnell es geht, nach Hause. (Schnell laufen.) Dort setzt sich jeder auf die Gartenbank und denkt noch einmal an die erste Frühlingswanderung zurück. (Alle Kinder setzen sich auf die Langbank).

Pick erlebt ein Frühlingsabenteuer

Material:

Bilder oder Figuren vom Huhn, Hahn, Küken, Hund, Hupe, Auto, Schwein, Kuh, Katze, ein Bild mit einer Hühnerfamilie (Hahn, Huhn und Küken), viele kleine Faltblätter, eventuell ein Plüschküken und ein Fühlbeutel

Einstieg:

Die Kinder sitzen im Kreis, das Bild mit Familie Huhn liegt, mit Faltblättern abgedeckt, in der Kreismitte. Nacheinander werden die Blätter entfernt und die Kinder versuchen, das verdeckte Bildmotiv so früh wie möglich zu erraten. Anschließend werden die Geburt, das Wachsen und das Leben der Tiere im Frühling thematisiert. Ist ein Plüschküken vorhanden, wird es vor der Aktion in den Fühlbeutel gelegt. Die Erzieherin reicht den Beutel herum und die Kinder können den Inhalt erfühlen. Schließlich stellt sie das Küken als Pick vor und erzählt, dass dieses Küken mit vielen anderen Tieren (sie zeigt die Bilder) auf einem Bauernhof lebe. Nach Herzenslust können die Kinder die Geräusche der Bauernhoftiere, des Autos und der Autohupe imitieren. Anschließend wird die folgende Geschichte erzählt. Dabei zeigt die Erzieherin das im Text groß Geschriebene in Form von Bildern oder Bauteppichfiguren. Die Kinder erzeugen jeweils die Geräusche, die dazu passen. Zusätzlich kann sich ein Kind mit dem Rücken zum Kreis setzen, so dass es die Bilder nicht sieht, die die Erzieherin den anderen Kindern zeigt. Es soll anhand der Geräusche die Tiere identifizieren und laut benennen.

Auf dem Hof von Bauer Luig sind vor einigen Tagen sechs kleine KÜKEN zur Welt gekommen. Das HUHN und auch der HAHN sind stolz auf ihre sechs KÜKEN. An einem warmen Frühlingstag machen das HUHN, der HAHN und die sechs KÜKEN ihren ersten Ausflug. Alle sind sehr aufgeregt. Vor allem das kleinste Küken. Es heißt Pick. Pick kann es gar nicht erwarten, seine Umgebung zu entdecken. Doch hinter dem HUHN und dem HAHN und den anderen KÜKEN herzulaufen, das macht Pick keinen Spaß. Deshalb macht es sich bei der nächstbesten Gelegenheit aus dem Staub. Gerade als das HUHN, der HAHN und die KÜKEN am Stall der SCHWEINE vorbeikommen, wo es schrecklich laut ist, rennt Pick, so schnell es geht, auf die Wiese. Das Gras ist dort so hoch, dass es von niemandem gesehen werden kann. Das HUHN, der HAHN und die anderen KÜKEN haben nichts bemerkt. Sie laufen weiter. Pick selbst kann mitten im hohen Gras auch nicht weit sehen, aber es läuft mutig weiter. Plötzlich hört es ein lautes Rascheln. Vor ihm steht eine dicke KUH. Pick hat noch nie eine so dicke KUH gesehen und deshalb glaubt es, ein Ungeheuer würde vor ihm stehen. So schnell es geht, rennt Pick weiter. Am Ende der Wiese angekommen, ist es völlig aus der Puste und ruht sich erst einmal aus. Doch, o weh, plötzlich kommt ein AUTO angebraust und HUPT so laut, dass Pick gerade noch zur Seite springen kann. Zum Glück ist nichts passiert. Nein, so aufregend hatte Pick sich den Ausflug nicht vorgestellt. Die Abenteuer reichen ihm und Pick will nach Hause. Doch leider weiß es den Weg nicht mehr. Es schaut sich um. Alles ist so fremd. Was jetzt? Doch da kommt schon Hilfe. Pick entdeckt einen HUND. Es ist Strolch. Er lebt auch auf dem Hof und hat alles beobachtet. Die ganze Zeit ist er schon hinter Pick hergelaufen und jetzt trägt STROLCH Pick in seinem Maul nach Hause. Auf dem Hof ist schon alles in heller Aufregung: Der HAHN, das HUHN, die KÜKEN und sogar die HOFKATZE suchen Pick. Wie froh sind sie, als der HUND Strolch mit Pick den Hof erreicht. Der HAHN schimpft so laut, dass man sein Geschrei über den ganzen Hof hören kann. Doch das HUHN treibt Pick schnell ins Nest, denn es ist froh, dass alles wieder in Ordnung ist. Nie wieder will Pick allein einen Frühlingsspaziergang machen, denn das ist für kleine KÜKEN viel zu gefährlich.

In einem Nest, ganz klitzeklein

Material:	ein Bogen Pappe, dicke Filzstifte
Einstieg:	Die Erzieherin malt auf ein großes Blatt ein Nest. Schon während sie malt, sollen die Kinder das Bilderrätsel erraten. Ein Gespräch über die Arbeit der Vögel im Frühling kann sich anschließen. Nun macht sie das folgende Fingerspiel vor.

Erzieherin bildet mit den Händen eine Schale. Sie geht im Kreis herum und lässt die Kinder in dieses „Nest" schauen.	In einem Nest, ganz klitzeklein, komm, schau einmal ganz leis hinein,
Mit Daumen und Zeigefinger ein kleines Ei formen.	da liegt ein winzig kleines Ei,
Mit beiden Daumen und Zeigefingern je ein Ei formen.	ach nein, es sind ja sogar zwei.
	Ein Vogel, der muss jetzt viel brüten, er muss die Eier gut behüten.
Mit der einen Hand eine Schale bilden, mit der anderen Flugbewegungen machen.	Er kommt und fliegt direkt aufs Nest,
Die Faust der „Flughand" in die Schale setzen, ein wenig hin und her drehen und dann still sitzen bleiben.	dreht sich und sitzt dann ganz fest.
Der Zeigefinger der Fausthand wird herausgestreckt und hin und her bewegt.	Sitzt nun still und schaut umher,
Den Finger schnell auf und ab bewegen.	plötzlich freut er sich gar sehr.
Die Faust auf den Unterarm der „Nesthand" setzen.	Fliegt auf einen dicken Ast, macht dort oben eine Rast.

Mit dem Daumen und dem Zeigefinger einer Hand ein Ei formen und langsam öffnen.	Sieht ins Nest, ein Ei zerbricht,
Den Zeigefinger gerade nach oben strecken.	ein Vogel schaut ins Sonnenlicht.
Mit dem Daumen und Zeigefinger der anderen Hand ein Ei bilden und langsam öffnen.	Das zweite Ei bricht auch entzwei,
Beide Zeigefinger auf und ab bewegen.	ja, nun sind die Vögel frei.
Mit beiden Armen Flugbewegungen machen.	Nach vielen Wochen, ach wie schön, kann man die zwei schon fliegen sehn.
Mit beiden Händen wieder eine Schale machen und den Kindern zeigen.	Das Nest ist leer, doch nächstes Jahr ist der Vogel wieder da.
Abschluss:	Diese Fingerspielgeschichte kann nun von den Kindern nachgespielt werden. Ein Spaziergang im Laufe des Morgens und die Suche nach einem Vogelnest geben der Geschichte einen schönen Abschluss.

Körperwahrnehmungsspiel

In der letzten Frühlingsnacht

Material: ein CD-Spieler mit ruhiger Musik, ein Abdecktuch, ein Fühlbeutel mit drei Tieren: Käfer, Igel und Schnecke, ein paar Dekorationsteile wie Steine, Blumen usw., Wollfäden als Regenwürmer, Schneckenhäuser, Holzstöckchen usw. für die Moos-Frühlingswiese, für jeweils zwei Kinder eine Decke, ein Noppenball, zwei Stöckchen – z. B. getrocknete Weidenzweige oder auch Trinkhalme –, ein Bierdeckel, eine Massagerolle (feste Papprolle), für jedes Kind ein Stück Moos und ein kleiner Dekorationskäfer

Vorbereitung: Der Raum ist verdunkelt und warm. Die Decken sind in Kreisform gelegt. Die Materialien liegen griffbereit und sind mit einem Tuch abgedeckt. Die Dekorationskäfer, die alle Kinder am Schluss des Angebots erhalten, verwahrt die Erzieherin bei sich.

Die Erzieherin bittet die Kinder, sich zu zweit auf eine Decke zu setzen. Die Kinder bilden mit den Händen eine Schale, schließen die Augen und bekommen ein Stück Moos in die Hand gelegt. Ruhige Musik untermalt dieses Fühlrätsel. Nachdem die Kinder die Aufgabe gelöst und das Moos erkannt haben, wird mit den Moosstücken in der Kreismitt ein Moosteppich als Frühlingswiese gelegt. In einem Gespräch wird nun das Frühlingserwachen, der Winterschlaf und das Verhalten der Tiere thematisiert. Danach leitet die Erzieherin zur Geschichte über und erzählt sie. Dabei holt sie, dem Text entsprechend, nacheinander die Tiere aus dem Fühlbeutel und stellt sie auf die Wiese.

In der letzten Frühlingsnacht,
da ist der Igel aufgewacht.
Er freut sich auf den Frühlingstag,
was der ihm heut wohl bringen mag?

Mit dem Bierdeckel wedeln.

Er spürt den Wind,
der sagt ganz leise:
„Komm, mach mit mir nun eine Reise,
lass uns jetzt spazieren gehn
und uns die Frühlingswelt ansehn.“

Die Hände für einige Zeit auf den Rücken legen.
Mit dem Noppenball über den ganzen Körper rollen.

Die Frühlingssonne kann er spüren,
wohin wird ihn der Wind jetzt führen?
Der Igel trippelt ganz allein
über Stock und über Stein.

Er trippelt und er ist so froh,
den Frühling, ja, den mag er so.

Mit dem Bierdeckel wedeln.

Der Wind, er pustet ihn nun fort
an einen neuen Frühlingsort.

In der letzten Frühlingsnacht,
da ist der Käfer aufgewacht.
Er freut sich auf den Frühlingstag,
was der ihm heut wohl bringen mag?

Mit dem Bierdeckel wedeln.

Der Frühlingswind,
der sagt ganz leise:
„Komm, mach mit mir nun eine Reise,
lass uns jetzt spazieren gehn
und uns die Frühlingswelt ansehn.“

Die Hände für einige Zeit still auf die Schultern legen.
Mit den Stöckchen über den Körper laufen.

Die Frühlingssonne kann er spüren,
wohin wird ihn der Wind jetzt führen?
Der Käfer krabbelt ganz allein
über Stock und über Stein.

Er krabbelt und er ist so froh,
den Frühling, ja, den mag er so.
Der Wind, er pustet ihn nun fort
an einen neuen Frühlingsort.

Mit dem Bierdeckel wedeln.

In der letzten Frühlingsnacht,
da ist die Schnecke aufgewacht.
Sie freut sich auf den Frühlingstag,
was der ihr heut wohl bringen mag?

Mit dem Bierdeckel wedeln.

Der Frühlingswind,
der sagt ganz leise:
„Komm, mach mit mir nun eine Reise,
lass uns jetzt spazieren gehn
und uns die Frühlingswelt ansehn."

Die Hände für einige Zeit auf die Beine legen.

Während der ganzen Zeit mit der Rolle über den Körper rollen.

Die Frühlingssonne kann sie spüren,
wohin wird sie der Wind jetzt führen?
Die Schnecke, die kriecht ganz allein
über Stock und über Stein.

Sie kriecht und sie ist so froh,
den Frühling, ja, den mag sie so.
Der Wind, er pustet sie nun fort
an einen neuen Frühlingsort.

Mit dem Bierdeckel wedeln.

Die Frühlingssonne hat's geschafft,
mit ihrer starken Strahlenkraft
die Tiere wieder aufzuwecken
und sie auch nicht zu erschrecken.

Die Hände auf den Rücken legen.

Die Sonnenstrahlen spürst auch du,
Komm, gönn dir nun ein wenig Ruh,
entspanne dich und liege still,
weil ich dir Wärme schenken will.

Die Hände wegnehmen.

Nun ist die Frühlingssonne fort,
die Wärme bleibt an diesem Ort.
Doch jemand will jetzt mit dir gehn,
denn bei dir war es so schön.

Mit den Stöckchen über die Beine auf den Rücken laufen.
Jedem liegenden Kind einen kleinen Dekorationskäfer in die Hand legen.
Die Kinder wecken langsam ihren Körper.

Von weitem kommt er angerannt

und setzt sich still in deine Hand.

Reck dich, streck dich, es war schön
mit dir durch diesen Tag zu gehn.

Die Kinder betrachten den Käfer.

Nimm das Geschenk jetzt mit nach Haus,
denn diese Reise ist nun aus.

Nachdem die Erzieherin den Kindern die Reimgeschichte vorgelesen hat, lädt sie sie ein, aus der Geschichte eine Massagegeschichte zu gestalten. Sie legt dazu die Papprollen, die Igelbälle, die Bierdeckel und die Stöckchen in die Mitte. Gemeinsam werden diese Materialien den Tieren und dem Wind zugeordnet.
Für die Massage legt sich jeweils ein Kind auf den Bauch, das andere kniet daneben und bekommt einen Noppenball, zwei Stöckchen, einen Bierdeckel und eine Massagerolle. Die Erzieherin erzählt noch einmal die Geschichte und das kniende Kind führt die o. g. Massagen an dem liegenden Kind durch. Ruhige Musik begleitet diese sanfte Massage. Anschließend erfolgt ein Rollentausch.

Abschluss:

Der Moosteppich wird als Frühlingswiese mit den restlichen Dekorationsmaterialien gestaltet.

Kreatives rund um den Blumentopf aus Ton

Gänseblümchentopf

Material: viele Gänseblümchenköpfe, Blumentöpfe aus Ton, flüssiger Klebstoff, Pinsel, Plakafarben und Pinsel

Anleitung: Die sauberen, trockenen Tontöpfe werden von den Kindern zunächst bunt bemalt. Nach dem Trocknen wird jeder Topf dick eingekleistert und mit den Gänseblümchenköpfen verziert.

Hinweis: Alle Blumentöpfe können mit Blumenerde gefüllt werden. Diese wird mit Kräutersamen bestreut. Dann sind sie ein schönes Oster- oder Muttertagsgeschenk.

Moos- und Rindentopf

Material: Blumentöpfe aus Ton, flüssiger Klebstoff, getrocknetes Moos, trockene Rindenstücke, Pinsel

Anleitung: Der Blumentopf muss sauber und trocken sein. Er wird mit flüssigem Klebstoff eingepinselt und dann mit getrockneten Moosteilen und Rindenstückchen beklebt. So entstehen fantasievoll mit Naturmaterial verzierte Töpfe, die mit Topfpflanzen oder Kräutern bestückt auf dem Fenstersims einen festen Platz finden können.

Papierübertopf

Material:
Blumentöpfe aus Ton, Toilettenpapier, Gips, ein alter Eimer, ein Stock oder ein alter Kochlöffel zum Umrühren, verschiedene Plakafarben und Pinsel

Anleitung:
Zunächst wird das Toilettenpapier in größere und kleinere Stücke gerissen. Dann wird die Gipsmasse nach Vorschrift mit Wasser angerührt. Das Toilettenpapier wird in den Gips getaucht und um den sauberen und trockenen Blumentopf gekleistert. So entstehen Unebenheiten, die gewollt sind, und die Kinder können ihren Blumentopf frei modellieren. Nach dem Trocknen malt jedes Kind seinen Blumentopf fantasievoll an.

Hinweis:
Statt des Toilettenpapiers kann auch Zeitungspapier oder Küchenpapier verwendet werden.

Schmackhaftes aus dem Tontopf

Der Rosinenkuchen aus dem Topf

Zutaten:
(für etwa zwei mittelgroße Tontöpfe) 500 g Mehl, 1 Würfel Hefe, 250 g Zucker, ⅛ l lauwarme Milch, 1 Prise Salz, 4 Eier, 150 g Rosinen

Zubereitung:
Aus Mehl, lauwarmer Milch, Hefe und den übrigen Zutaten einen Hefeteig herstellen. Den Teig zugedeckt ½ Stunde an einen warmen Ort stellen und gehen lassen. Noch einmal durchkneten und die Rosinen untermengen. Die Teigmenge in zwei saubere Tontöpfe füllen, nochmals ca. 15 Minuten stehen lassen und dann im vorgeheizten Backofen bei 200 Grad ca. 45 Minuten backen. Topf abkühlen lassen und dann den Kuchen aus dem Topf lösen. Den Kuchen zum Schluss mit Puderzucker bestreuen.

Zwei Regenwürmer

Material: für jedes Spielerpaar zwei Wollfäden und eine Decke

Einstieg: Ein Kind liegt leicht bekleidet auf einer Decke. Das andere kniet daneben und hält zwei Wollfäden in der Hand. Es streift mit einem Faden oder mit beiden Wollfäden über den Körper des liegenden Kindes.

Bei schönem Wetter, nicht bei Sturm
kommt aus dem Loch ein Regenwurm.
Er will nun auf die Reise gehn,

Ein Wollfaden wird über den Körper geführt.

um sich den Garten anzusehn.
Kriecht über Blätter, Stock und Stein,
sehr vergnügt, doch ganz allein.

Der Faden bleibt ruhig auf dem Körper des Kindes liegen.

Ruht sich hier und da mal aus,
ganz weit weg ist sein Zuhaus.
Bei schönem Wetter, nicht bei Sturm,

Mit dem zweiten Wollfaden über den Körper streifen.

kriecht noch ein zweiter Regenwurm
über Blätter, Stock und Stein,
sehr vergnügt, doch ganz allein.

Der Faden bleibt ruhig auf dem Körper des Kindes liegen.

Ruht sich hier und da mal aus,
ganz weit weg ist sein Zuhaus.

Mit zwei Wollfäden über den Körper des Kindes streifen.

Zwei Würmer kriechen ganz allein,
sie treffen sich an einem Stein.
Zu zweit woll'n sie auf Reisen gehen,
um sich den Garten anzusehn.
Es geht bergauf und auch bergab,

Die Fäden bleiben ruhig auf dem Körper liegen.

auf einmal sind sie müd und schlapp.

Die Fäden nacheinander langsam vom Körper ziehen.

Jeder kriecht nun ganz allein
wieder in die Erde rein.

Tausendfüßler Trippeltripp

Material: 2 Klangstäbe für jedes Kind

Hinweis: Bei dem Wort „Trippeltripp“ schlagen die Kinder die Klangstäbe gegeneinander.

In einem wunderschönen Garten, abseits von Lärm, Autoabgasen und geschäftigen Menschen, wohnt der Tausendfüßler Trippeltripp. Er mag diesen Garten. Er ist sein Zuhause. Trippeltripp ist ein sehr neugieriger Tausendfüßler, deshalb ist er auch Tag und Nacht auf den Beinen. Nur mittags, wenn die Sonne ganz warm auf den Garten scheint, hält Trippeltripp diese Wärme nicht aus. Er läuft dann unter einen großen Salatkopf und ruht sich dort ein wenig aus. Hier unter dem Salat kann er gut träumen. Trippeltripp hat oft den gleichen Traum. Er sieht einen zweiten Tausendfüßler, mit dem er durch den Garten spaziert. Gemeinsam einen Garten zu entdecken, macht natürlich noch viel mehr Spaß. Aber wenn Trippeltripp aufwacht, dann stellt er fest, dass alles nur ein Traum war. Also läuft er wieder allein durch den Garten. Doch eines Tages, als Trippeltripp wieder auf Wanderschaft ist, da entdeckt er an einem Obstbaum einen anderen Tausendfüßler. Schnell krabbelt er zu dem Baum, bleibt stehen und sagt: „Guten Tag, Tausendfüßler, hast du Lust, mit mir den Garten zu erkunden?“ Der andere Tausendfüßler hat viel Zeit und deshalb krabbelt er mit Trippeltripp von nun an gemeinsam durch die Beete. Es macht beiden viel Spaß, denn man kann sich beim Trippeln immer etwas Schönes erzählen. Von diesem Tag an sieht man Trippeltripp nie mehr allein trippeln. Sein neuer Freund ist immer dabei, und mittags, wenn es sehr heiß ist, dann liegen zwei Tausendfüßler unter einem Salatkopf und träumen.

Auswertung: Diese Geschichte kann auch als kleines Rollenspiel aufgeführt werden. Die Erzieherin liest den Text laut vor und zwei Kinder agieren als Tausendfüßler.

Marieluise, die Kräuterliese

Material:

auf verschiedenen Hockern oder Tischen verteilt: Kräuterbündel (die in der Reimgeschichte genannten Kräuter), Kärtchen mit den Kräuternamen und -bildern, Tontöpfe, Erde, Kräutersamen, für jedes Kind eine Schale mit klein geschnittenen Kräutern

Einstieg:

Jedes Kind bekommt eine Schale mit frischen, klein geschnittenen Kräutern in die Hand. Diese Kräuter kann es nun riechen, fühlen oder schmecken. Danach geht jedes Kind zu einem Kräutertisch. Dort stehen die Kräuter ungeschnitten, als Bündel oder kleiner Busch. Nun sollen die Kinder versuchen, die klein geschnittenen Kräuter den ganzen Kräutern zuzuordnen. Die Erzieherin schaut nach, ob richtig zugeordnet wurde. Sie nennt die Kräuter und stellt kleine Namenskarten zu jedem Kraut.

Der Vers wird vorgetragen. Dabei zeigt die Erzieherin die entsprechenden Kräuter. Die Kinder sagen jeweils das letzte Wort in der zweiten Zeile.

Kennst du schon die Kräuterliese?
Es ist die Marieluise.

Ihr Garten, der ist wunderschön,
dort kannst du viele Kräuter.......... (sehn)

Blumen, Obst oder Gemüse
mag nicht die.......... (Marieluise).

In ihren Garten, o wie fein,
kommen Kräuter nur.......... (hinein).

Knoblauch und Basilikum,
dieser Duft wirft alle.......... (um).

Petersilie, Suppengrün,
siehst du in ihrem Garten.......... (stehn).

Und damit ich's nicht vergesse,
hier gibt es auch frische.......... (Kresse).

Bohnenkraut und Thymian,
jedermann hier finden.......... (kann).

Auch Schnittlauch, den kannst du hier sehn,
zwischen anderen Kräutern.......... (stehn).

Marieluise freut sich sehr,
gibt ihren Garten niemals.......... (her).

Ja, Kräuter, die sind so gesund,
die steckt sie gern in ihren.......... (Mund).

Auswertung:

Es werden Tontöpfe, Erde, Samen und etwas Wasser auf einem anderen Tisch bereitgestellt und die Kräutersamen werden eingesät. Die Tontöpfe können als kleiner Kräutergarten auf die Fensterbank gestellt werden. Die Kinder sollen ihr Kräutergärtchen pflegen und können beobachten, wie die Kräuter sprießen und wachsen.

Im Obstgarten

Die Finger einer Hand zeigen.

In unserm Garten stehn fünf Bäume,
sie alle haben schöne Träume.

Daumen hochrecken.

Der Erste ist ein Apfelbaum,
der hat einen schönen Traum.
Er trägt Äpfel, rot wie Tomaten,
er ist der Schönste hier im Garten.

Zeigefinger hochstrecken.

Der Zweite ist ein Pflaumenbaum,
auch er hat einen schönen Traum.
Er trägt Pflaumen, blau wie das Meer,
er ist der Schönste, das freut ihn sehr.

Mittelfinger zeigen.

Der Dritte ist ein Kirschenbaum,
auch er hat immer nur einen Traum.
Er trägt Kirschen, rot wie das Feuer,
das ist den anderen nicht ganz geheuer.

Ringfinger zeigen.

Der Vierte ist ein Birnenbaum,
jeder kennt auch seinen Traum.
Er trägt Birnen, gelb wie die Sonne,
das ist für alle hier eine Wonne.

Kleinen Finger ausstrecken.

Der Fünfte ist der kleinste Baum,
auch er hat immer den gleichen Traum.
Irgendwann, da kommt der Tag,
wo jeder ihn bewundern mag.

Alle Kinder recken sich und machen sich groß.

Dann ist er plötzlich groß wie ein Riese

Mit den Armen einen dicken Baumstamm zeigen.

und auch der dickste hier auf der Wiese.

Zeigefinger und Daumen zum Kreis formen

Er trägt Früchte braun und rund,
die stecken die Tiere in den Mund.
Sie liegen in einem Stachelhaus
und purzeln im Herbst dort erst heraus.

Pantomimisch Kastanien aufsammeln.

Die Kinder kann man sammeln sehn,
mit den Früchten sie nach Hause gehen.
Sag es mir, wenn du es weißt,
wie dieser schöne Baum denn heißt.

Der Rosengarten

Material:

ein großes, grünes Tuch, eine Duftschale mit Rosenduftwasser, ein Korb mit Legematerial wie bunte Holzkreise, Perlen, bunte Schnüre, bunte Stäbe, eine Flasche Rosenöl, ein Korb mit Rosenblättern, eine Lampe, ein CD-Spieler mit Entspannungsmusik, ein Fächer oder ein Stück Pappe, für jedes Kind eine Decke, ein Chiffontuch und ein kleines Kissen

Raumvorbereitung:

In der Kreismitte steht auf dem grünen Tuch die Duftschale. In ihr ist Rosenwasser, dessen Duft sich im Raum verteilt. Die Decken sind in Kreisform gelegt. Der CD-Spieler, der Korb mit den Legematerialien, die Flasche Rosenöl, der Korb mit Rosenblüten und die Chiffontücher sind griffbereit. Der Raum ist verdunkelt und erwärmt, eine kleine Lampe spendet Licht.

Ablauf:

Die Kinder sitzen auf ihren Decken, schließen die Augen und lauschen der ruhigen Musik. Sie atmen tief ein und aus und nehmen so den Rosenduft in sich auf. Sie legen ihre Hände mit den Handflächen nach oben auf die Beine. Nach einer Zeit der Stille tropft die Erzieherin jedem Kind einen Tropfen Rosenöl in die Hand. Jedes Kind verreibt diesen Tropfen in den Handflächen und riecht mit geschlossenen Augen diesen Duft. Hat es ihn ganz in sich aufgenommen und diesem Duft für sich in Gedanken einen Namen gegeben, legen sich alle Kinder entspannt auf die Decke und begeben sich auf eine Fantasiereise.

Komm, ich lade dich ein, jetzt mit mir, in deiner Fantasie, einen Spaziergang in einen ganz besonderen Garten zu machen.
Der Weg dorthin ist gar nicht weit.
Doch leg dich zuerst bequem hin.
Lass deinen Körper locker und leicht auf der Decke ruhen, atme ruhig und tief und spür, wie du bei jedem Atemzug leichter wirst.
Geh nun langsam mit mir mit.
Schau, jetzt sind wir auch schon da.
Siehst du das große Gartentor?
Dahinter ist der Garten, in den wir jetzt gehen.
Noch ein paar Schritte und wir sind da.
Bleib einmal still stehen und hör genau hin.
Leise Töne dringen aus dem Garten an dein Ohr.
Es ist der Wind. Er säuselt und schenkt uns ein Lied.
Atme tief ein. Riechst du den herrlichen Duft?
Es ist der gleiche Duft, den du in deiner Hand wahrgenommen hast.
Hast du den Namen dieses herrlichen Duftes erkannt?
Wenn nicht, dann wirst du ihn gleich wissen.
Komm, wir treten nun in den Garten ein.
Langsam öffnet sich durch einen leichten Windzug das Gartentor.
Schau dich einmal um.
Du stehst in einem Rosengarten und um dich herum sind nur Rosen.

Du bist von blühenden roten, rosafarbigen, weißen, gelben und lila Rosen umgeben.
Der Rosenduft hüllt dich ein.
Ganz still stehst du da, schaust dir die Rosenpracht an und atmest den herrlichen Duft ein.

Die Erzieherin geht zu jedem Kind und wedelt ihm mit einem Stück Pappe oder einem Fächer Wind zu.

Du legst dich auf ein Stück Wiese, die zu diesem Garten gehört, schließt die Augen und lässt dich von dem Duft verzaubern.
Mit einem Mal spürst du einen Windzug auf deiner Haut.
Er trägt ein Rosenblatt zu dir.

Die Erzieherin legt jedem Kind ein Rosenblatt auf die Stirn.

Ganz sacht fliegt es durch die Luft und landet direkt auf deiner Stirn.
Du bleibst still liegen und fühlst dieses federleichte Blatt.
Du spürst ein leichtes Kitzeln.
Dieses Gefühl macht dich glücklich.
Jetzt hörst du eine leise Stimme, die sagt: „Ich gehöre jetzt dir. Nimm mich mit nach Hause."
Es ist das Rosenblatt, das zu dir gesprochen hat.
Vorsichtig nimmst du das Blatt von deiner Stirn, stehst auf und gehst mit dem Blatt in der Hand noch einmal durch den Rosengarten.
Immer wieder schaust du zu allen Seiten und bist wie verzaubert von den Farben und dem Duft der Rosen.
Doch nun musst du gehen.
Langsam verlässt du den Garten. Bevor du das Gartentor schließt, schaust du dich noch einmal um.
Es war ein schöner Spaziergang.
Auf dem Heimweg riechst du immer wieder an deinem Rosenblatt.

(Pause mit Musik.)

Doch nun ist dein Spaziergang beendet.
Du bist wieder in deiner Welt.
Bewege langsam deine Finger, deine Arme, deine Zehen, deine Beine, reck und streck dich, gähn laut, öffne die Augen und setz dich hin.

Abschluss:

Die Kinder öffnen die Augen, betrachten und befühlen bei ruhiger Musik das Rosenblatt. Wer will, kann über seinen Fantasiespaziergang berichten.

Auswertung:

Nun holt die Erzieherin den Korb mit den Rosenblüten. Damit wird das grüne Tuch dekoriert. Jedes Kind bekommt ein Chiffontuch. Dieses wird zusammengeknüllt und in der Faust eingeschlossen. Sehr langsam öffnen die Kinder ihre Hand, und eine wunderschöne „Rosenblüte“ wächst heraus. Diese Blüte wird vorsichtig zu den anderen Rosenblüten in die Mitte gelegt. Die Erzieherin holt den Korb mit den Legematerialien, und zum Abschluss können die Kinder aus bunten Kreisen, Perlen, Stäben und Schnüren Rosen legen und somit die Kreismitte in einen Rosengarten verwandeln.

Viele kleine Gartengäste

Komm mit, ich zeig dir heut etwas,
hier im Garten hast du Spaß.
Ich bringe dich an diesen Ort,
von dem willst du so schnell nicht fort.
Psst, sei still, wir woll'n nicht stören,
ein Zirpen, Piepsen ist zu hören.

Schau, viele kleine Gartengäste
kommen heut zum Gartenfeste.
Biene, Mücke, Schmetterling
und so manches andre Ding
kommen in den kleinen Garten,
wo schon viele Gäste warten.

Herr Wurm, der kommt sacht angekrochen,
er hat das Festmahl schon gerochen.
Und das kleine Käferkind
ist so wie alle Käfer sind.
Es freut sich auf die Gartengäste,
die noch kommen heut zum Feste.

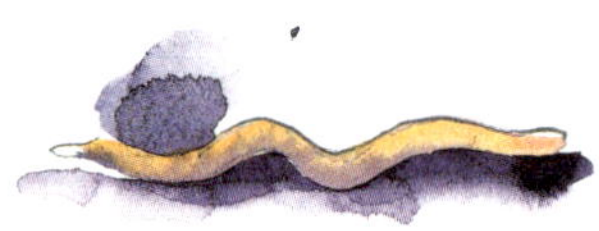

Frau Schnecke, die beeilt sich sehr,
sie kommt heute von weit her.
Frau Schnecke kriecht, so schnell sie kann,
denn gleich fängt die Feier an.
Sie will auch in diesen Garten,
wo viele Gäste auf sie warten.

Und Fips, die alte Gartenmaus,
auch die bleibt heute nicht zu Haus.
Sie kommt ganz schnell angerannt,
denn sie ist auch schon sehr gespannt
auf die vielen Gartengäste,
die heut kommen zu dem Feste.

Doch jetzt ist diese muntre Schar
komplett, denn alle sind sie da.
Ein Zirpen, Piepen ist zu hören,
psst, seid still, wir woll'n nicht stören.
Ganz fröhlich sind die vielen Gäste,
die heut sind auf diesem Feste.

Wir schleichen leis von diesem Ort,
lassen die Krabbelgäste dort.
Der Garten soll ihr Reich heut sein,
wir Menschen lassen sie allein.
Erst morgen ist der Garten ja
wieder für uns Menschen da.

Auswertung:

Die Kinder können diesen Garten mit den vielen Tieren malen. Alle Bilder werden an einer Wand zusammengeklebt und so kann ein Riesengarten mit vielen Tieren bestaunt werden.

Frisch aus dem Gemüsegarten

Bei dieser Pass-auf-Geschichte geht es darum, dass die Kinder, wenn ein Gemüse genannt wird, in die Kreismitte laufen und dieses Gemüse in die Hand nehmen. Die Anzahl der einzelnen Gemüsesorten muss nicht der Anzahl der Kinder entsprechen. Dadurch entsteht der Pass-auf-Effekt und der Anreiz, schnell zu reagieren. Im zweiten Teil der Geschichte agieren die Kinder pantomimisch.

Material: einige Möhren, Kohlrabi, Zwiebeln, Porreestangen, Sellerie, Kartoffeln

Einstieg: Die Kinder schließen die Augen und bilden mit der Hand eine Schale. Dort hinein legt die Erzieherin jedem Kind ein bekanntes Gemüse. Die Kinder versuchen nun, durch Fühlen oder Riechen das Gemüse zu erraten. Weniger bekanntes Gemüse wird von der Erzieherin benannt. Das Gemüse wird nun in die Kreismitte gelegt.

Marie hat einen wunderschönen Beruf. Sie ist Köchin. Den ganzen Tag steht sie in der Küche und bereitet die herrlichsten Speisen zu.
Sie besitzt ein kleines Lokal, und aus nah und fern kommen die Gäste, um bei ihr zu essen. Marie kocht nur mit Obst und Gemüse aus ihrem Garten, und deshalb schmecken ihre Speisen besonders gut. Sie hat ihren großen Garten in viele kleine Gärtchen aufgeteilt, und so hat sie einen Kräutergarten, einen Obstgarten, einen Gemüsegarten, einen Kartoffelgarten und einen Blumengarten. Mit den Blumen aus ihrem Garten schmückt sie die Esstische.
Aktionsteil: Die Kinder holen das genannte Gemüse aus der Kreismitte.
Heute will Marie eine Gemüsesuppe kochen. Sie nimmt einen großen Korb, holt ein Messer und einen Spaten und geht hinaus in den kleinen Gemüsegarten. Zuerst gräbt sie die frischen Möhren aus der Erde, schneidet das Grün ab und legt sie in den Korb. Dann geht Marie zu den Zwiebeln. Diese liegen auf der Erde und sie braucht sie nur aufzuheben.

Nun fehlen ihr noch einige Kohlrabi. Die sind in diesem Jahr besonders groß. Marie schneidet ein paar von ihnen ab und legt sie in ihren Korb. Damit die Suppe einen guten Geschmack bekommt, muss Sellerie hinein. Das weiß Marie, und deshalb nimmt sie davon gleich zwei Knollen. So, nun fehlen nur noch einige Stangen Porree und natürlich Kartoffeln. Der Porree steht schön hoch, und mit wenig Kraft lassen sich die Porreestangen mit ihren kleinen Wurzeln aus dem Boden ziehen. Zum Schluss gräbt Marie mit dem Spaten noch ein paar Kartoffeln aus. Jetzt hat sie alle Zutaten für ihre Gemüsesuppe beisammen. Schnell geht sie in die Küche.

Pantomimischer Teil: Die Kinder spielen die Tätigkeiten von Marie.

Marie wäscht, schält und schneidet das Gemüse klein und gibt dann alles in einen großen Topf. Sie gießt Wasser hinzu, würzt mit Brühe, Salz und Pfeffer, rührt um und singt dabei ihr Suppenlied:

Kochlied

(Melodie: Wer will fleißige Handwerker sehn)

Wer will der Marie zusehn,
der muss in die Küche gehn,
rühre fein, rühre fein,
die Suppe wird gleich fertig sein.

Die Kinder bilden mit der Hand eine Schale und die Erzieherin füllt sie pantomimisch mit Suppe.

Hmmm, in der Küche duftet es köstlich nach Gemüsesuppe. So, nun ist Maries Suppe fertig und sie kann ihre Gäste bewirten. Marie geht in die Gaststube und füllt jedem Gast persönlich die Suppe in den Suppenteller.

Alle löffeln pantomimisch Suppe.

Sie setzt sich zu ihren Gästen und gemeinsam löffeln sie Maries Gemüsesuppe.

Abschluss:

Aus den Zutaten können die Kinder gemeinsam mit der Erzieherin in der Freispielzeit oder am folgenden Tag eine Gemüsesuppe kochen.

Rhythmik mit Gartenschätzen

Vorbereitung:

Besorgen Sie sich bitte Dekorationsobst und -gemüse. Noch besser ist es, wenn verschiedene Obst- und Gemüsesorten gemeinsam aus Papiermaschee hergestellt und nach dem Trocknen wie die echten Früchte bemalt werden können. Mit diesen künstlichen „Nahrungsmitteln" kann das Rhythmikspiel durchgeführt werden.

Material:

Dekorationsobst wie Äpfel, Birnen, Möhren und Tomaten, Triangel, eine Tomatenkiste, Gymnastikreifen, für jedes Kind eine Sitzmatte, ein Körbchen und 2 Klangstäbe

Raumvorbereitung:

Die Matten werden im Raum verteilt, das restliche Material steht griffbereit.

Einstieg:

Die Kinder schließen die Augen und machen einen Gedankenspaziergang in einen Garten, in dem herrliches Obst und Gemüse wächst. Dazu bekommt jedes Kind zwei Klangstäbe. Die Erzieherin beginnt mit dem Gedankenspaziergang. Immer wenn die Kinder in der Geschichte gehen, werden die Klangstäbe leise und im gleichen Takt geschlagen.

Kommt, wir gehen in den Garten. Wir nehmen einen kleinen Korb und wollen ernten. Zunächst gehen wir durch den Garten um nachzuschauen, welches Obst und Gemüse geerntet werden muss. Zuerst fallen uns die wunderschönen, dicken, reifen Äpfel auf. Für sie ist es Zeit, gepflückt zu werden. Wir gehen zu dem großen Apfelbaum und pflücken die herrlichen Äpfel. Nachdem wir alle Äpfel in unserem Korb haben, schauen wir hinüber zum Birnbaum. Auch er trägt reife Birnen. Also machen wir uns auf und gehen zum Birnbaum. Unzählige große Birnen warten darauf, gepflückt zu werden. Wir greifen nach oben, so hoch es geht, und pflücken die Birnen ab. Nun sind auch sie geerntet und wir gehen zu den Gemüsebeeten. Dort wollen wir die Möhren aus der Erde ziehen. Der Boden ist hart und deshalb müssen wir tüchtig ziehen. Doch die Arbeit lohnt sich. Aus dem Boden holen wir dicke und dünne, kurze und lange Möhren. Unser Korb ist fast voll. Auf dem Weg durch den Garten entdecken wir noch reife Tomaten. Auch sie wollen geerntet werden. Wir gehen zu den Tomaten, pflücken sie und legen sie zu dem anderen Obst und Gemüse. Der Korb ist bis oben hin mit Gartenschätzen gefüllt. Auf dem Weg ins Haus stellst du dir schon vor, wie du in den Apfel, in die Birne, in die Möhre oder in die Tomate beißt. Bei diesem Gedanken läuft dir das Wasser im Mund zusammen. Wir haben unsere Arbeit beendet und können wieder mit unseren Gedanken zurück in diesen Raum kommen. Lasst die Augen geschlossen. Legt die Klangstäbe neben euch und achtet auf den langanhaltenden Ton. Wenn er verklungen ist, seid ihr wieder hier. Ihr reckt und streckt auch, steht langsam auf und schüttelt Arme und Beine aus. (Die Erzieherin schlägt die Triangel.)

Die Erzieherin gibt jedem Kind einen kleinen Weidenkorb. Alle singen ein Lied und gehen dabei durch den Raum. Dabei spielen sie pantomimisch das Ernten von Obst und Gemüse.

Erntelied

(Melodie: A, a, a, der Winter, der ist da)
Ja, ja, ja, ich bin zum Ernten da.
Ich gehe nun in meinen Garten,
wo die Äpfel auf mich warten,
ja, ja, ja, ich bin zum Ernten da.

Die Kinder erfinden selbst weitere Strophen mit Obst oder Gemüse, das sie noch ernten möchten. Danach gehen sie zurück auf ihre Matten.

Nun wird gemeinsam ein Garten angelegt. Die Erzieherin holt mehrere Reifen und legt sie in den Raum. Das sind alles Obst- und Gemüsebeete. In einen Reifen legt sie Birnen, in den nächsten Äpfel, in den dritten Tomaten usw. Natürlich kann auch anderes Obst und Gemüse genommen werden. Die Erzieherin stellt die Tomatenkiste in die Kreismitte.

Jetzt dürfen die Kinder richtig ernten. Sie gehen mit ihrem Korb durch den Raum, singen noch einmal das Lied, gehen von einem Reifen zum anderen und ernten dort das der Liedzeile entsprechende Obst und Gemüse. Zum Schluss wird alles geerntete Obst und Gemüse schön in die Tomatenkiste gelegt. Dann gehen die Kinder zurück auf ihre Matten und singen die Abschlussstrophe des Ernteliеds.

Ja, ja, ja, der Tag war wunderbar.
Ich gehe froh zurück ins Haus,
denn meine Arbeit ist nun aus.
Ja, ja, ja, der Tag war wunderbar.

Gesunde Rohkost- und Obstsalate

Ernten Sie so viele der benötigten Zutaten wie möglich entweder aus dem eigenen Kinder-„Garten“ oder aus dem elterlichen Garten eines Kindes gemeinsam mit den Kindern. Sollten Sie dazu nicht die Möglichkeit haben, so kaufen Sie gemeinsam mit den Kindern ein. Sie werden sehen, die Zubereitung macht dann viel mehr Spaß. Da Kinder oft erst an Obst- und Rohkostsalate herangeführt werden müssen, sollten zunächst kleine Probierportionen zubereitet werden.

Kohlrabi-Rohkostsalat

Zutaten:
2 Kohlrabi, 2 säuerliche Äpfel, 2 Gewürzgurken, einige Salatblätter, etwas Petersilie, 1 EL Mayonnaise, ½ Becher Joghurt, je eine Messerspitze Salz und Zucker

Zubereitung:
Die Kohlrabi schälen, das Grün der Kohlrabi klein schneiden. Kohlrabi, die Äpfel mit der Schale (Kerngehäuse entfernen) und die Gurken sehr klein schneiden. Alles in eine Schüssel geben. Mayonnaise, Joghurt, Salz und Zucker verrühren und zu dem Salat geben, dann das Kohlrabigrün untermengen. Salatblätter waschen, trocken tupfen und auf einen Teller legen. Darauf den Salat anrichten und mit Petersilie verzieren. Dazu schmeckt Stangenbrot.

Käsesalat mit Erdbeeren

Zutaten:
1 Kopfsalat, 500 g Erdbeeren, 150 g Emmentaler Käse am Stück, ⅛ l saure Sahne, ½ Becher Joghurt, ½ geriebene Zitronenschale, je 1 Messerspitze Salz, Pfeffer, Paprika (edelsüß), 2 TL Zucker

Zubereitung:
Salatblätter waschen, in kleine Stücke reißen und im Sieb abtropfen lassen. Erdbeeren waschen, putzen und halbieren, Käse in kleine Würfel schneiden. Sahne, Joghurt mit Zitronenschale, Salz, Pfeffer, Paprika und Zucker verrühren. Alles miteinander vermengen. Den Salat auf kleinen Tellern anrichten.

Obstsalat mit Quarksoße

Zutaten:
600 g gemischtes Obst, Saft einer Zitrone und einer Orange, 200 g Sahnequark, 4 EL Milch, 1 EL Zucker, 1 Messerspitze Ingwer, Schokoladenstreusel

Hinweis:
Die Orangen für den Salat halbieren und das Fruchtfleisch vorsichtig herauslösen. In diesen Schalen wird der Salat serviert.

Zubereitung:
Das Obst wird gewaschen, geschält und klein geschnitten. Dann wird es mit dem Saft der Zitrone und der Orange vermischt. Aus Sahnequark, Milch, Zucker und Ingwer wird eine Soße gemacht. Der Obstsalat wird in die Orangenhälften gefüllt, mit der Soße übergossen und den Schokoladenstreuseln verziert.

Weintrauben-Bananen-Salat

Zutaten:
750 g grüne und blaue Weintrauben (nach Möglichkeit kernlos), 3 Bananen, 2 EL gehackte Haselnusskerne, 2 Becher Joghurt, 1 EL Zucker, 1 Päckchen Vanillezucker, 1 EL Zitronensaft, Spritzsahne, saubere Förmchen

Zubereitung:
Die Weintrauben waschen und halbieren, Bananen schälen und in Scheiben schneiden. Beides mit den Nüssen vermengen. Joghurt, Zucker, Vanillezucker und Zitronensaft verrühren und über den Weintrauben-Bananen-Salat geben. Diesen Salat in saubere Förmchen füllen und mit einem Tupfer Sahne servieren.

Ideenreiches rund um den Garten

Kräuterköpfe

Material: 6 saubere Eierschalenhälften, Kressesamen oder 6 verschiedene Samensorten, Watte, Filzstifte, ein 6-er Eierkarton

Herstellung: Auf die Eierschale vorsichtig mit Filzstift ein lustiges Gesicht aufmalen. Feuchte Watte wird in die Schale gelegt. Darauf wird Kressesamen oder anderer Kräutersamen gestreut. Der Eierkarton kann ebenfalls mit Filzstiften oder mit Wasserfarbe angemalt werden. Die Eierschalen werden nun in den Karton gesetzt. Er muss an einen sonnigen Platz gestellt und die Watte regelmäßig gewässert werden. Nach wenigen Tagen sprießen die Kräuter aus den Eierköpfen. Diese Kräuterköpfe sind ein schönes Muttertagsgeschenk.

Hinweis: Die Eierschalenhälften können auch mit lockerer Erde gefüllt werden. Vorsicht, die Eierschalen zerbrechen leicht.

Der Tomatenkistengarten

Material: eine Tomatenkiste, etwas Plastikfolie, Erde, Blumensamen, Kräutersamen, kleine Grünpflanzen, Steine, kleine Pflanzenstecklinge (Erdbeerpflanzen, Kirschtomaten), eventuell eine kleine Glasschüssel

Herstellung: In die Folie werden kleine Löcher geschnitten. Die Tomatenkiste wird mit der Folie ausgelegt und mit der Erde aufgefüllt. Nun kann mit all den Samen, Gräsern, Pflanzen, Steinen, Stecklingen, kleinen Blumen usw. der Garten nach eigener Fantasie gestaltet werden. Stellt man in diesen Garten eine kleine Schüssel, so kann diese, mit Wasser gefüllt, einen Miniteich darstellen. Dieser Garten muss nun wie ein großer gewässert und gepflegt werden. Stellt man mehrere Tomatenkisten zusammen, erhält man einen großen Garten.

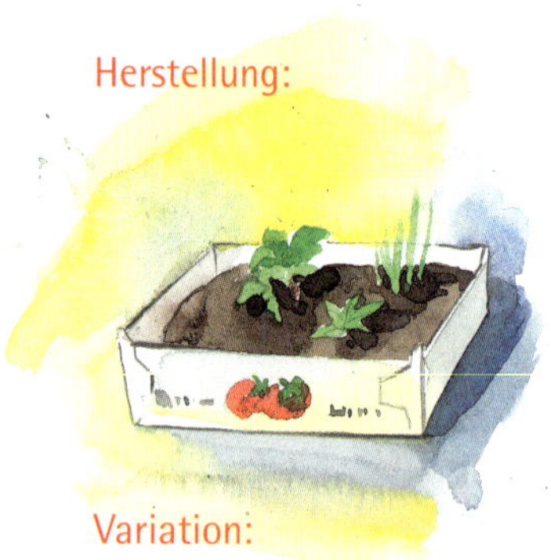

Variation: Man kann die einzelnen Kästen auch unterschiedlich bepflanzen, z. B. in einen nur Kräuter, in einen anderen vielleicht kleine Erdbeerpflanzen setzen, in einen dritten streut man Blumensamen, in einen weiteren platziert man Radieschen usw.

So hat man im Nu einen kleinen Nutzgarten.

Bilder aus Obstkernen

Material: Plastikteller, Gips, ein alter Eimer, Wasser, ein alter Schneebesen, verschiedene Obstkerne und -steine z.B. von Kirschen, Pflaumen, Äpfeln, Pfirsichen usw., Plakafarbe

Herstellung: Die Kerne werden getrocknet. Der Gips wird nach Vorschrift angerührt (er sollte dickflüssig sein) und in den Plastikteller gegossen. Nun können die Kerne in den angetrockneten Gips gedrückt und zu einem schönen Bild zusammengestellt werden. Damit das Bild später aufgehängt werden kann, muss in den halb getrockneten Gips ein Loch gemacht werden. Nach dem Trocknen kann das Bild aus dem Plastikteller gelöst und mit Plakafarbe angemalt werden.

Gartencollage

Material: 4 gleich lange, dünne Zweige oder Äste, Bast ungefärbt oder bunt, Naturmaterialien aus dem Garten, die man flechten kann, z. B. Gräser, Blätter, Blüten mit Stielen, Kräuter, hauchdünne Äste, Schilf usw.

Herstellung: Aus den vier Ästen und dem Bast wird ein Rahmen hergestellt. Nun wird mit dem Bast ein Webgitter im Rahmen aufgezogen. In dieses Webgitter kann nun alles zu einem bunten, abwechslungsreichen Bild verflochten werden, was in einem Garten zu finden ist.

Bunte Tage

Bewegungsspiel: Familie Kunterbunt

Spielhinweis:
Wird in der Geschichte eine Farbe genannt, stehen die Kinder, deren Kleidung diese Farbe enthält, schnell auf. Sie setzen sich sofort wieder, damit sie bei neu genannten Farben wieder aufstehen können. Bei „kunterbunt" stehen alle auf.

Es ist Sonntag und Familie Kunterbunt liegt noch im Bett. Sie haben heute Zeit und können lange schlafen. Frau Rot liegt ruhig neben ihrem Mann, Herrn Blau, und beide schlafen noch tief und fest. Nebenan im Kinderzimmer liegen das kleine Braun, das kleine Grün, das kleine Gelb und das kleine Orange in ihren Betten und schlafen. Nur das kleine Lila, das ist schon wach. Leise steht es auf, schaut in die Betten der Geschwister und sieht, wie die anderen noch fest schlafen. Das kleine Lila schleicht aus dem Zimmer, um nach seinen Eltern zu schauen. Doch leider liegt Papa Blau noch

Z.B. einen Hampelmann machen.

schnarchend neben Mama Rot. Im Haus der Familie Kunterbunt ist außer dem kleinen Lila immer noch niemand wach. Darum spielt das kleine Lila allein mit seinen Puppen. Doch nach einiger Zeit langweilt es sich sehr. Nun sollen aber alle aufstehen. Es will Familie Kunterbunt nun wecken. Zuerst stürzt es in das Bett von Papa Blau und Mama Rot und kitzelt beide an der Nase. Es dauert nicht lange, da öffnen beide die Augen. Mama Rot, Papa Blau und das kleine Lila kuscheln sich noch ein wenig unter die Bettdecke.
Doch das kleine Lila hat keine Ruhe. Es muss nun zu seinen Geschwistern. Brüllend wie ein Löwe stürzt das kleine Lila in das Kinderzimmer. Doch nichts rührt sich. Die Geschwister schlafen noch fest. Wütend stürzt sich das kleine Lila auf die Betten und zieht dem kleinen Braun, dem kleinen Grün, dem kleinen Gelb und dem kleinen Orange die Bettdecke weg. Jetzt hat das kleine Lila es geschafft, die ganze Familie Kunterbunt ist wach. Gemeinsam machen sie ihre Morgengymnastik und dann geht's an den Frühstückstisch.

Spiele

Ich sehe was, was du nicht siehst, und das ist ...

Die Kinder suchen sich einen Gegenstand aus und beschreiben ihn, ohne ihn zu benennen. Die anderen Kinder versuchen anhand der Beschreibung, den Gegenstand zu erraten.

Welche Farbe hat ... ?

Die Erzieherin denkt sich einen Gegenstand aus und fragt z. B.: „Welche Farbe hat das Feuer?", oder „Welche Farbe hat das Wasser?" usw. Die Kinder rufen laut die Farbe dieses Gegenstandes.

Das kleine Grau

Hinweis:
Dieses Spiel eignet sich für eine Aufführung bei einer Feier oder kann von Eltern auf einem Elternabend gespielt werden.

Vorbereitungen:

Materialien:
Schnur, Bettuch, Wäscheklammern, Stabgesichter (Farben und Ausdruck sind dem Text zu entnehmen), Tamburin, Triangel, Glockenspiel, Lampe, viele kleine mit doppelseitigem Klebeband versehene Farbkreise (rot, gelb, blau, orange, grau, bunt, grün).

Hinweis für das Spiel:

Bühne:
Sie spannen eine Schnur über eine Ecke eines Raumes und befestigen mit Wäscheklammern ein großes Betttuch daran.

Stabgesichter:
Farbige Kreise werden mit Gesichtern bemalt, die verschiedene Stimmungen ausdrücken. Je zwei werden dann zusammengeklebt und an Stäben befestigt.

Die entsprechenden Gesichter werden sichtbar über dem Tuch hin und her geführt.

Das graue, traurige Stabgesicht wird dem Text entsprechend bewegt. Das Tamburin entsprechend schlagen.

Es war einmal ein farbloses Grau. Es ging täglich allein und traurig durch die Welt. Seine Schritte waren schwer und schleppend.

Der Stab wird umgedreht und ein weinendes Gesicht ist erkennbar. Ein Kind klebt kleine graue Kreise vorn auf das Laken.

Es musste oft weinen und hinterließ dabei überall graue Kleckse.

Das Grau geht hin und her und es werden noch mehr Kreise an das Laken geklebt.

Mit der Zeit wurde seine ganze Umgebung grau.

Das Stabgesicht wird umgedreht (das traurige Gesicht ist zu sehen) und ruhig gehalten.

Oft saß das kleine Grau regungslos da und wusste gar nicht, warum es immer so traurig war.

Das rote, fröhliche Stabgesicht bewegt sich dem Text entsprechend. Der Triangel wird geschlagen.

Da kam hüpfend und fröhlich das kleine Rot. Es sprang vergnügt hin und her und fühlte sich pudelwohl.

Ein Kind klebt kleine rote Kleckse vorn auf das Betttuch. Das Stabgesicht wird umgedreht, ein lachendes Gesicht mit Tränen wird gezeigt. Die Bewegungen werden dem Text entsprechend durchgeführt.

Es musste immer so herzlich lachen, dass ihm die Tränen über die Wangen liefen und auf den Boden fielen. Überall, wo es gewesen war, blieben rote Kleckse zurück.

Ein großer Stein aus Pappe wird hochgehalten, der Tamburin einmal laut geschlagen, das Stabgesicht verschwindet hinter dem Stein.

Das Grau erschrak und versteckte sich hinter einem Stein.

Einige kleine rote Kleckse werden über die grauen Kleckse geklebt, das Stabgesicht hüpft fröhlich hin und her, der Triangel wird geschlagen.

Das Rot entdeckte das Grau nicht und lachte und lachte. Dabei vermischten sich seine Tränen der Freude mit den Tränen der Trauer des kleinen Graus.

Das Stabgesicht verschwindet.

Vergnügt hüpfte das Rot in die Welt hinaus.

Ein staunendes Stabgesicht ist zu sehen, es schaut hin und her, das Tamburin wird geschlagen.

Staunend kam das Grau hervor und schaute, was geschehen war.

Das Stabgesicht verschwindet hinter dem Stein, das Tamburin wird geschlagen.

Doch da hörte es wieder laute Töne und verschwand schnell wieder hinter dem Stein.

Je ein gelbes, grünes, blaues, orange-farbenes (jedes Kind hält zwei Stäbe) lachendes Stabgesicht springt hin und her, das Glockenspiel erklingt.

Singend kam eine Schar bunter, fröhlicher Stabgesichter. Sie hüpften, sprangen und tanzten ausgelassen umher.

Die Stabgesichter tanzen und einige Kinder kleben kleine, bunte Kreise auf das Betttuch, dabei überdecken sie das Grau. Das Glockenspiel erklingt.

Auch sie hinterließen überall kleine, bunte Kleckse.

Die Stabgesichter verschwinden, das Glockenspiel erklingt.

Dann hüpften auch sie vergnügt in die Welt hinaus.

Das staunende Stabgesicht kommt und schaut hin und her, das Tamburin wird angeschlagen.

Erst als alles still war, traute sich das Grau wieder hervor. Es schaute erstaunt umher. Alles war bunt und sah wunderschön aus.

Das Stabgesicht wird umgedreht und das traurige Gesicht ist zu sehen.

Doch da schaute das Grau sich an und wurde wieder sehr traurig.

Die bunten Farbgesichter kommen und springen um das Grau herum, Triangel und Glockenspiel erklingen.

Noch bevor es zu weinen beginnen konnte, kamen laut und fröhlich die vielen bunten Farbgesichter zurück. Dabei sprangen sie um das Grau herum, berührten es mit ihren Farben und waren sehr vergnügt.

Die bunten Farbgesichter springen um das Grau herum, Tamburin, Triangel und Glockenspiel erklingen.

Das kleine Grau wurde dabei hin und her geschubst.

Das Grau wird umgedreht und ist kunterbunt, mit einem lachenden Gesicht, zu sehen.

Als die Farbgesichter für einen Moment stehen blieben, entdeckten sie etwas Wunderbares. Das kleine Grau war kunterbunt geworden.

Alle Stabgesichter sind fröhlich, tanzen und alle Instrumente sind zu hören. Die Bühne wird von einer Lampe angestrahlt.

Da war für alle die Freude riesengroß. So wurde aus dem traurigen kleinen Grau ein fröhliches Bunt. Bis in die Nacht hinein tanzten alle vergnügt umher und ihre fröhlichen Farben erstrahlten im Mondschein.

Das Licht wird ausgeschaltet, die Farbgesichter verschwinden, es ist still. Die Lampe strahlt auf die bunten kleinen Farbkleckse.

Erst als der Mond nicht mehr zu sehen war, verschwanden alle Farbgesichter. Nur die bunten Tränen erinnerten an die Geschichte vom kleinen traurigen Grau.

Fünf muntere Zwerge

Materialien:

Filz in fünf verschiedenen Farben; Moos; Tannenzapfen, Styroporkugeln, Watte, Heißkleber, Klebstoff (Zwerge); für jedes Kind eine Matte; Weidenkorb; Abdecktuch
Musikinstrumente:
2 Tamburine, Besen, Holzblock, Glockenspiel, Glockenbaum, 3-5 verschiedene Triangel

Vorbereitungen/Ablauf:
Am Tag vorher werden aus den oben genannten Materialien Zwerge mit verschiedenfarbigen Mützen angefertigt. Die Erzieherin gestaltet mitten im Gruppenraum eine kleine „Insel" aus Moos. Die Kinder setzen sich auf bereit gelegte Matten im Kreis dazu. Die Zwerge liegen in dem Weidenkorb und sind mit einem Tuch abgedeckt.

Einstieg:
Die Kinder befühlen das Moos, riechen daran und berichten im anschließenden Gespräch, welche Empfindungen sie dabei hatten.

Schon seit langer, langer Zeit leben fünf muntere Zwerge gemeinsam in einem dichten Tannenwald. Jeder von ihnen kann etwas ganz besonders gut und ist darauf sehr stolz.

Die Erzieherin holt den ersten Zwerg aus dem Korb und stellt ihn auf das Moos.

Der Rote, der kann sehr schnell laufen.

(Tamburin)

Er rennt bergauf und auch bergab
und macht dabei niemals schlapp.

Die Erzieherin holt den zweiten Zwerg aus dem Korb und stellt ihn auf das Moos.

Der Blaue, der kann sehr gut hüpfen.

(Holzblock)

Wie ein Frosch hüpft er umher
und er freut sich dabei sehr.

Die Erzieherin holt den dritten Zwerg aus dem Korb und stellt ihn auf das Moos.

Der Weiße, der kann sehr gut klettern.

(Glockenspiel)

Wie ein Affe, so flink,
klettert er auf jedes Ding.

Die Erzieherin holt den vierten Zwerg aus dem Korb und stellt ihn auf das Moos.

(Glockenbaum)

Der Grüne, der dreht sich geschwind.

Die Erzieherin holt den fünften Zwerg aus dem Korb und stellt ihn auf das Moos.

Wie ein Kreisel dreht er sich schnell
immer auf der selben Stell.

(Tamburin und Besen)

Der Gelbe, der kann leise kriechen.

Wie ein Regenwurm, so sacht,
kriecht er durch die dunkle Nacht.

Alle fünf Zwerge sind erst so richtig froh, wenn jeder von ihnen nach Herzenslust kriechen, hüpfen, klettern, laufen und sich drehen kann. Bis weit nach Mitternacht sind die Zwerge munter (alle Instrumente). Erst wenn der Mond (großer Triangel) mit seinen unzähligen Sternen (kleiner Triangel) die Nacht erhellt, legen sich die Zwerge schlafen. Nun ist es im Wald ganz still. Nichts ist zu hören.

(leise spielen)

In ihren Träumen klettern, springen, hüpfen, laufen und drehen sich die Zwerge immer noch, aber nur noch ganz, ganz langsam.

Abschluss:

Die Geschichte kann als Darstellungsspiel, aber auch als Fingerspiel vertieft werden.

Grün, grün, grün sind alle meine Kleider

Blau, blau, blau sind alle meine Kleider.
Blau, blau, blau ist alles, was ich hab'.
Darum lieb ich alles, was so blau ist,
weil mein Schatz ein Seemann, Seemann ist.

Weiß, weiß, weiß sind alle meine Kleider.
Weiß, weiß, weiß ist alles, was ich hab'.
Darum lieb ich alles, was so weiß ist,
weil mein Schatz ein Bäcker, Bäcker ist.

Schwarz, schwarz, schwarz sind alle meine Kleider.
Schwarz, schwarz, schwarz ist alles, was ich hab'.
Darum lieb ich alles, was so schwarz ist,
weil mein Schatz ein Schornsteinfeger ist.

Rot, rot, rot sind alle meine Kleider.
Rot, rot, rot ist alles, was ich hab'.
Darum lieb ich alles, was so rot ist,
weil mein Schatz ein Feuerwehrmann ist.

Bunt, bunt, bunt sind alle meine Kleider.
Bunt, bunt, bunt ist alles, was ich hab'.
Darum lieb ich alles, was so bunt ist,
weil mein Schatz ein Maler, Maler ist.

Die Kinder können Vorschläge für weitere Strophen machen.

Reaktionsspiele mit Farben

Material: ein Weidenkorb, je zwei Chiffontücher, Bälle und Sitzmatten in den Farben Blau, Rot, Grün, Gelb, je eine Farbkarte aus Pappe in Blau, Rot, Grün, Gelb, ein Tamburin

Hinweis: Farbbälle können auf einfache Art hergestellt werden. Dazu benötigt man farbige Luftballons, Tennisbälle und eine Schere. Das Mundstück der Luftballons wird abgeschnitten. Anschließend werden die Luftballons jeweils über einen Tennisball gezogen.

Reaktionsspiele

Die Kinder betreten in Gymnastikbekleidung den Raum. Die Erzieherin eröffnet das Angebot mit dem folgenden Spiellied, das auf die Melodie von „Ein Männlein steht im Walde“ gesungen wird:

Wir gehen jetzt zusammen im Raum herum,
wir sind dabei ganz leise und schau’n uns um.
Ach, wie schön, dich hier zu sehn, (sich zuwinken)
mit dir durch den Raum zu gehn,
wir springen nun zusammen, ja, das ist schön.

(In den nächsten Strophen wird „springen“ durch „hüpfen“, „laufen“ usw. ersetzt)

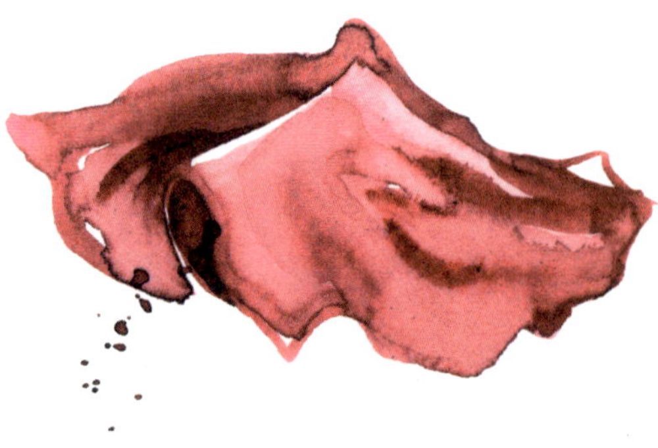

Verschiedene Spielvorschläge:

1. Die Erzieherin legt die farbigen Tücher in die Mitte. Die Kinder laufen nach Tamburinschlag durch den Raum. Nach einem kräftigen Schlag nimmt jedes Kind schnell ein Tuch, legt es in den Raum und setzt sich darauf.
2. Die Kinder nehmen ihr Tuch und spielen damit. Sie werfen es in die Luft und fangen es mit einem Körperteil auf (Arm, Schulter, Bein).
3. Die Kinder, deren Tücher die gleichen Farben haben, werfen sich die Tücher zu.
4. Die Kinder bilden eine lange Reihe und fassen sich dabei an den Tüchern. So laufen sie durch den Raum. Das erste Kind bestimmt den Weg. Schlägt die Erzieherin auf den Tamburin, so läuft das letzte Kind mit seinem Tuch an den Anfang der Reihe und übernimmt die Führung usw.
5. Die Kinder laufen in der Farbenschlange durch den Raum. Ruft die Erzieherin: „Rot", lösen sich die Kinder mit den roten Tüchern aus der Schlange und setzen sich auf den Boden. Der Rest läuft weiter. So löst sich die Schlange nach und nach auf. Die Tücher werden zur Seite gelegt.

Farberinnerungsspiele:

Die farbigen Sitzmatten werden im Raum verteilt. Sie symbolisieren die Häuser der Kinder. Kinder, die z. B. ein rotes Chiffontuch in der Hand halten, „wohnen“ in dem roten Haus usw.

Verschiedene Spielvorschläge:

1. Die Erzieherin hält eine Farbkarte hoch. Die Kinder, die in dem gleichfarbigen Haus wohnen, laufen durch den Raum.

Hinweis: Die Farbkarten werden schnell gewechselt, so dass die Kinder schnell reagieren müssen.

2. Die Kinder laufen nach Tamburinschlag durch den Raum. Nennt die Erzieherin eine Farbe, setzen sich die Kinder, deren Haus diese Farbe hat, in das entsprechende Haus.

3. Die Erzieherin stellt einen Korb mit Bällen in die Mitte. Die Kinder laufen nach Tamburinschlag durch den Raum. Nennt sie eine Farbe, so holt sich das Kind mit dem gleichfarbigen Haus einen Ball in dieser Farbe und setzt sich damit in sein Haus.

Partnerspiele:

1. Die Kinder mit den gleichfarbigen Sitzmatten legen diese nebeneinander. Wird ihre Farbe genannt, setzen sie sich zusammen und werfen sich gegenseitig erst einen, später zwei Bälle gleichzeitig zu.
   Variation: Sie rollen sich den Ball zu.

2. Die Kinder tragen zu zweit ihre Bälle in einem Chiffontuch durch den Raum. Dabei singen sie erneut das Lied „Ein Männlein steht im Walde“.

3. Alle Kinder laufen im Raum herum. Die Erzieherin nennt eine Farbe. Die Kinder, deren Chiffontuch diese Farbe hat, setzen sich auf den Boden.

4. Die Erzieherin stellt den Korb in die Mitte des Raumes. Die Kinder gehen nach Tamburinschlag durch das Zimmer, werfen ihren Ball in die Luft und fangen ihn wieder auf. Dabei achten sie auf die Anweisungen der Erzieherin. Nennt sie eine Farbe, bringen die Kinder, deren Ball diese Farbe hat, diesen in den Korb und setzen sich. Die anderen laufen so lange weiter, bis auch ihre Farbe genannt wird.

Maltechniken

Materialien:

Große Malblätter, großes festeres Malpapier (Tonpapier), viele Farben (ungiftige Flaschenfarben), Teller für die Farben, unterschiedliche Pinsel, Kleister, Schwämme, Scheren, Zahnbürsten, Spritzsiebe, Wachsmalstifte, Nägel, Strohhalme, Stöckchen, Korken, Steckschwämme, Messer, Einmachgläser zum Mischen der Farben und als Wassergläser zu verwenden, alte Oberhemden (von Erwachsenen), die als Malkittel benutzt werden.

Vorschläge:

Großflächiges malen

Zunächst sollen die Kinder an das großflächige Malen herangeführt werden. Mit vielen Farben, ihren eigenen Händen, dicken Pinseln können die Kinder ihrer Fantasie freien Lauf lassen.

Nass-in-Nass-Malerei

Ein Blatt wird angefeuchtet und darauf werden dünnflüssige Farben gemalt. Sie verlaufen und es entstehen sehr eindrucksvolle Bilder.

Schwammmalerei

Die Kinder bekommen unterschiedlich strukturierte Schwämme und gestalten mit Hilfe der Farben ausdrucksvolle Bilder. Man kann auch die Schwämme in kleine Würfel schneiden und damit gedruckte Bilder herstellen.

Malen mit Kämmen

Etwas dickflüssige Farbe wird mit einem Pinsel großflächig auf einem Blatt verteilt. Mit einem Kamm werden Linien und Muster in die Farbmasse gezogen. Auch der Stiel eines Pinsels, ein Stock, ein Korken oder andere Dinge können als Hilfsmittel genommen werden.

Korkdruck

Flaschenkorken werden mit Farbe bestrichen und dann auf Papier gedrückt. Sollen Formen gedruckt werden, so können Steckschwämme, die bei einem Gärtner zu bekommen sind, verwendet werden.

Kleisterbild

Ein Blatt wird mit Kleister eingestrichen. Darauf wird mit Farbe, Fingern, Stöckchen oder Kämmen gemalt.

Schmetterlingsdruck

Die Hälfte eines Blattes wird mit Farbklecksen versehen, das Blatt geknickt und aufeinandergelegt. Mit dem Daumen kann man nun von außen die Farbe verstreichen. Das Blatt wird aufgeklappt. Es macht großen Spaß herumzurätseln, was darauf wohl abgebildet sein könnte.

Diabilder

Material: Diarahmen mit dazu passenden Glasscheiben, Filzschreiber (permanent), verschiedenfarbiger Nagellack, Farben jeglicher Art

Das Glas kann mit wasserfesten Filzschreibern, mit Nagellack (wobei die Farbtupfer ineinander verlaufen können) oder mit Farbe bemalt und mit Öl oder Wasser besprüht werden. Hier sind der Kreativität keine Grenzen gesetzt.
Ein besonderer Effekt wird erreicht, wenn die Flüssigkeit zwischen den Glasscheiben durch die Wärmeeinstrahlung bei der Vorführung verläuft.

Die Kunstwerke der Kinder werden gerahmt (auf größere bunte Pappe kleben und mit Hilfe von Kordeln, Korkenscheiben, Strohhalmen usw. Rahmen gestalten) und können z.B. im Eingangsbereich der Einrichtung ausgestellt werden.

Appetitanreger: Farbenfrohe Leckereien

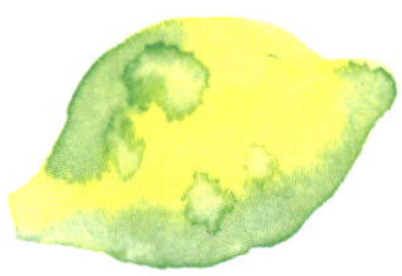

Farbenfrohe Gerichte, die nebenbei noch phantasievoll dekoriert werden, regen den Appetit an und tragen dazu bei, dass Kinder auch neue und unbekannte Gerichte probieren. Farben machen eben auch im Essverhalten gute Laune. Unser gesamtes Wohlbefinden wird gesteigert und sorgt dafür, dass die Nahrung besser verdaut und somit vertragen wird. Richten Sie doch farbenfrohe Speisen zusammen mit den Kindern an. Solch ein Schlemmer-Tag wird den Kindern lange in Erinnerung bleiben.

Das kunterbunte Schlemmer-Frühstücksbüffet

Brote „Max und Moritz"

Zutaten pro Kind:
2 Scheiben Brot, Butter, eine Scheibe Käse, Magerquark, Salz, etwas Petersilie, eine Gewürzgurke, ein Stück rote Paprika, zwei Radieschen, etwas Schnittlauch

Zubereitung:
Aus der einen Brotscheibe wird mit Hilfe eines Tellers ein Kreis geschnitten. Dieser wird mit Butter bestrichen. Danach wird auch aus dem Käse ein Kreis geschnitten und auf das Brot gelegt. Die andere Brotscheibe wird mit Magerquark bestrichen und mit etwas Salz bestreut. Nun werden beide Brote mit der Petersilie und den anderen vorhandenen Zutaten so geschmückt, dass auf dem einen Brot Max und auf dem anderen Moritz wieder zu erkennen sind.

Figurenbrote

Zutaten pro Kind: 2 Scheiben Brot, Käse, Wurstscheiben, Butter; verschiedene Förmchen

Zubereitung: Die Brotscheiben mit Butter bestreichen und dann mit Hilfe der Förmchen Kreise, Sterne, Herzen etc. ausstechen. Aus dem Käse und der Wurst ebenfalls Formen stechen und diese dann auf die passende Brotform legen.

Brotspieße

Zutaten pro Kind: 2 dicke Scheiben Brot, Käse, eine Fleischwurst, Gurke, Paprika, Kohlrabi, Butter, Zahnstocher, eine halbe Pampelmuse

Zubereitung: Das Brot wird mit Butter bestrichen und in Würfel geschnitten. Auch der Käse, die Wurst, die Gurke, die Paprika, die Kohlrabi werden in Würfel geschnitten. Alle Zutaten werden nun auf dem Zahnstocher aufgereiht. Diese kleinen Spieße können in eine halbe Pampelmuse gestochen werden.

Gestreiftes Würfelbrot

Zutaten: Schwarzbrot, Schmierkäse, Butter

Zubereitung: Das Schwarzbrot wird mit Butter und Schmierkäse bestrichen. Danach werden diese Brote beliebig hoch aufeinandergelegt und in Würfel geschnitten.

Auch einfarbige Häppchen regen den Appetit an:

Möhrensalat, Tomatensalat, Gurkensalat

Zutaten: Möhren, Tomaten, Gurken, eventuell drei Pampelmusenhälften, Joghurt, Crème fraîche, Salz, Pfeffer, Tomatenketchup

Zubereitung: Das Gemüse waschen, schälen, zerkleinern und in Schüsseln füllen; dazu verschiedene Soßen aus Joghurt, Crème fraîche, Salz, Pfeffer, Tomatenketchup anbieten. Die Salate können auch in ausgehöhlten Pampelmusenschalen angerichtet werden.

Bananenschiffchen

Zutaten: Bananen, Sahne, Schokostreusel, Glasteller, Spritzbeutel

Zubereitung: Die Bananen werden geschält und, der Länge nach halbiert, auf einen Glasteller gelegt. Die geschlagene Sahne wird in einen Spritzbeutel gefüllt und um und auf die Bananenhälfte gespritzt. Schokostreusel verzieren diese Leckerei.

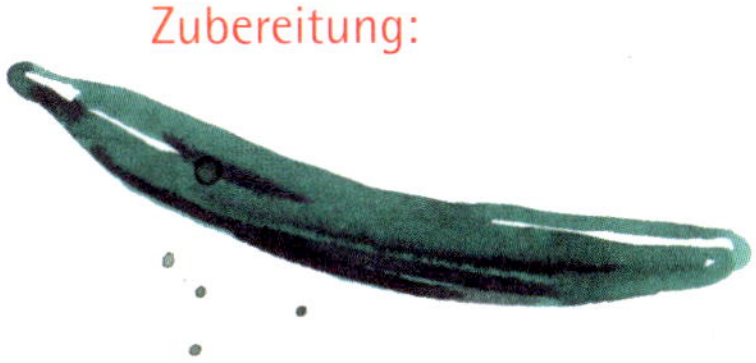

Früchteeis

Zutaten: 50 g Früchte, Joghurt, Eisformen mit Stiel

Zubereitung: Früchte pürieren, mit Joghurt mischen, in Eisformen füllen und ins Kühlfach legen.

Als die Sonne verschwand

Materialien:

ein grünes Tuch, lange gelbe und blaue Tücher, feste Papprollen, ein braunes Tuch, eine kleine Sisalpuppe vom Bauteppich, einige Tiere vom Bauteppich wie: Vögel, Fische, Schwäne, eine Sonne aus gelber Pappe, eine Lampe, bunte Hölzer, ein kleines (Bambus-)Stöckchen

Raumvorbereitung:

In die Kreismitte wird symbolisch für die Insel ein grünes Tuch gelegt.
Aus festen Papprollen und einem braunen Tuch kann später eine Höhle gebaut werden. Die gelben Tücher (Sand) werden um die Insel gelegt, die blauen Tücher (Meer) um den Sand herum. Das zusätzliche Material wie bunte Hölzer (Blumen), Belebungsmaterial vom Bauteppich, wie Bäume, Vögel, Schwäne, Fische, die Sonne liegt griffbereit. Der Raum ist verdunkelt. Eine Lampe strahlt auf die Insel.

Spielanleitung:

Während die Geschichte erzählt wird, werden die einzelnen Szenen mit den Materialien gelegt und gespielt.

Die Kinder gestalten die Insel, indem sie aus den bunten Hölzern Blumen legen. Die Bäume werden dazugestellt, aus grünen Hölzern können Sträucher gelegt werden.

Mitten im blauen Meer lag eine kleine wunderschöne Insel. Auf ihr wuchsen viele bunte Blumen auf saftigen Wiesen, hohe, kräftige Bäume und Pflanzen mit großen, grünen Blättern und süßen Früchten.

Die Sonne wird auf die Insel gelegt.

Die Sonne schickte täglich ihre warmen Strahlen nieder und so konnte alles wachsen, reifen und in den schönsten Farben blühen.

Die Sisalpuppe wird in die Höhle gesetzt.

Auf dieser Insel wohnte in einer Höhle ein alter Mann. Außer ihm hatte noch kein Mensch und kein Tier dieses wunderschöne Stück Erde entdeckt.

Die Sisalpuppe wird auf die Wiese gelegt.

Der alte Mann lebte hier schon seit vielen, vielen Jahren und liebte die wärmende Sonne, den kühlen Wind, den warmen Regen, die vielen Blumen, Bäume, Pflanzen und ganz besonders die Stille und Einsamkeit. Oft saß er auf der bunten Wiese und schaute in den wolkenlosen Himmel oder erfreute sich an dem Duft der Blumen.

Die Sisalpuppe wird in die Höhle gelegt.

Erst spät abends zog er sich zum Schlafen in seine Höhle zurück.

Zwei Schwäne werden an den Sandstrand gesetzt.

Eines Tages entdeckten zwei Schwäne, die von weit her angereist kamen, die Insel. Erschöpft machten sie am Ufer im warmen, schneeweißen Sand eine Pause.

Da sie hungrig waren, kosteten sie von den herrlichen Früchten. Sie schauten sich die Insel genauer an, und sie beschlossen hierzubleiben. Bei ihren täglichen Flügen über das Wasser trafen sie Seehunde, Schildkröten, Möwen, Albatrosse, und noch viele andere große und kleine Wassertiere und Vögel, die sich in den Wellen vergnügten. Ihnen erzählten sie von der neu entdeckten Insel, von der warmen Sonne, dem sauberen Wasser, den schönen Pflanzen, den bunten Blumen, den hohen Bäumen und vor allem von den süßen Früchten.

Weitere Tiere werden an den Strand gestellt bzw. in das Meer gelegt.

Alle waren begeistert und machten sich sofort auf den Weg, um dort zu wohnen. Nach und nach füllte sich die Insel.

Die Kinder schnattern und gackern.

Den ganzen Tag über war ein lebhaftes Geschnatter, Gegacker und Gezirpe zu hören.

Die Sisalpuppe tiefer in die Höhle stellen.

Dies störte den alten Inselbewohner gewaltig, denn mit seiner Ruhe und Einsamkeit war es vorbei. So zog er sich in eine Höhle, tief unter der Erde, zurück.

Die Puppe bekommt das kleine Bambusstöckchen in die Hand.

Täglich wuchs sein Ärger über diese Störung und er überlegte, wie er die Ruhe auf dieser Insel wiederherstellen konnte. Eines Nachts kam ihm eine Idee. Früh am nächsten Morgen, als alle Tiere noch schliefen, kam der alte Inselbewohner aus seiner Höhle. In der Hand hielt er eine lange Stange, an deren Ende ein großer Haken befestigt war.

Die Sonne wegnehmen.

Leise und ganz vorsichtig stieg er auf einen Berg und holte mit dem Haken die Sonne herunter.

Die Lampe ausschalten.

Schnell brachte er sie in seine Höhle und sperrte sie dort in eine große Kiste. Plötzlich wurde es auf der Insel dunkel und kalt.

Die Tiere bewegen.

Die Tiere wurden durch die Kälte geweckt und waren über die Dunkelheit ganz erschrocken. Was war geschehen? Wo war die wärmende Sonne? Keiner wusste eine Antwort. Zusammen machten sie sich auf den Weg, die Sonne zu suchen.

Die Blumen entfernen.

Bäume und Sträucher zur Seite legen.

Stunde um Stunde suchten sie, doch sie fanden sie nicht. Es wurde immer kälter auf dieser Insel. Die Blumen senkten ihre Köpfe, die Bäume verloren ihre Früchte und die Pflanzen ließen ihre Blätter hängen.

Die Tiere entfernen.

Auch die ewige Dunkelheit war nicht länger zu ertragen. Die Tiere beschlossen, die Insel zu verlassen.

Die Sisalpuppe vor die Höhle setzen.

Gemeinsam schwammen oder flogen sie fort, denn sie wollten an einen Ort, an dem es warm war. Nun kehrte auf der Insel wieder Ruhe ein. Der alte Mann kam aus seiner Höhle hervor und freute sich, denn endlich war er wieder allein.

Doch, was war das? Auf einmal fühlte er sich nicht mehr wohl. Die Insel sah kahl und farblos aus. Auch die Dunkelheit gefiel ihm gar nicht. Die Ruhe und die Einsamkeit machten ihn traurig. Tag für Tag saß er vor seiner Höhle und er begann zu frieren. Es wurde ihm immer kälter und kälter. Aber er wusste nicht, warum er traurig war und warum er fror. Plötzlich wurden seine Füße nass, denn seine warmen Tränen tropften auf sie. Da dachte der alte Mann wieder an die wärmende Sonne, die er vor vielen Tagen eingesperrt hatte.

Die Sonne wieder hinlegen.
Die Lampe einschalten.

Schnell holte er sie aus der Kiste, nahm die lange Stange mit dem Netz und hängte sie wieder an den Himmel.
Sofort wurde es auf der Insel wieder hell und warm. Die Bäume, Blumen und Pflanzen, die lange Zeit in Dunkelheit und Kälte leben mussten, streckten sich froh der Sonne entgegen.

Die Blumen, Bäume und Pflanzen wieder hinlegen und hinstellen.

Der alte Mann fühlte sich mit einem Mal wieder wohl.

Die Sisalpuppe auf das grüne Tuch legen.

Er legte sich auf die Wiese und war wieder glücklich.
Auch die Tiere kehrten nach und nach auf die Insel zurück.

Die Tiere zurückstellen.

Sie sahen plötzlich ihre Insel wieder, die strahlend, bunt und schön aus dem Wasser ragte. Schließlich waren wieder alle Tiere auf der Insel versammelt.

Die Sisalpuppe auf das gelbe Tuch setzen.

Sie wurden von dem alten Mann am Ufer empfangen.
Er entschuldigte sich bei der Sonne und allen Tieren für sein unfreundliches Verhalten. Von diesem Tag an lebten alle friedlich und freundschaftlich auf der wunderschönen Insel und sangen zusammen oft ein Lied für die Sonne:

Melodie: Alle meine Entchen

Liebe, liebe Sonne,
schein' auf unsre Welt,
schein' auf unsre Welt,
schenk' uns deine Wärme,
damit's uns hier gefällt.

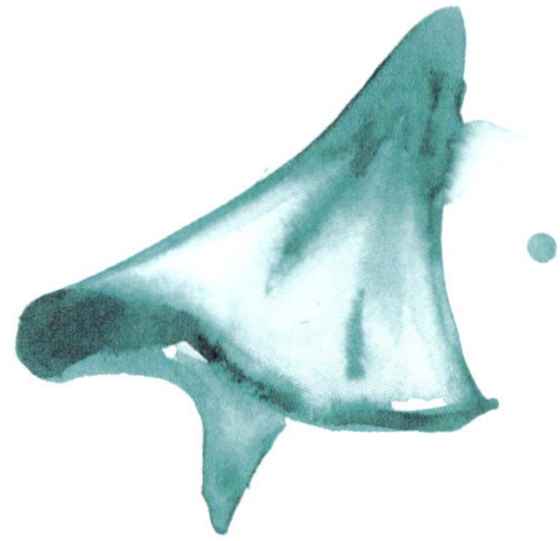

Die goldene Sonne

Raumvorbereitung:

Der Raum ist erwärmt und verdunkelt. Decken oder gelbe große Kopfkissen sind zu einem Kreis angeordnet. In der Kreismitte steht eine große Schale mit Wasser und gelben Schwimmkerzen. Bunte Seidentücher sind um diese Schale herumgelegt. Meditative Musik, ein CD-Spieler, für jedes Kind eine Schale mit einem Teelicht sind vorbereitet. Eine Lampe erhellt den Raum.

Materialien:

Decken oder gelbe große Kopfkissen, viele bunte Blütenblätter, eine schöne große Schale, gelbe Schwimmkerzen, bunte Seidentücher, für jedes Kind ein Teelicht in einer kleinen Glasschale, ruhige Musik, CD-Spieler, eine kleine Lampe.

Ablauf:

Die Kinder sitzen auf den Kissen oder Decken. Die Kerzen werden angezündet. Die Kinder machen bei Hintergrundmusik zuerst einige Atemspiele. Diese können sehr gut als Partnerübung durchgeführt werden.

Erzieherin:
(dreimal wiederholen)

Wärme

Wir schicken die Wärme der Flammen in unseren Kopf. Wir legen leicht die Hände auf den Kopf, atmen tief durch die Nase ein und schicken dabei die Wärme in den Kopf. Beim Ausatmen durch den leicht geöffneten Mund verteilt sich die Wärme im Kopf.

Spielanleitung:

Die Kinder sitzen still und schauen in die Flammen. Die Wärme der Flammen wird zu bestimmten Körperteilen geschickt. Diese werden bestimmt, indem die Hände auf die genannten Körperteile gelegt werden.
Die Atemübung sollte mit geschlossenen Augen durchgeführt werden, da sich jeder dann besser auf die Atmung konzentrieren kann.

Erzieherin:
(dreimal wiederholen)

Licht

Wir schicken goldenes Licht in unseren Kopf. Wir legen leicht die Hände auf den Kopf, atmen tief durch die Nase ein und schicken dabei das Licht in den Kopf. Beim Ausatmen durch den leicht geöffneten Mund verteilt sich das goldene Licht im Kopf.

Spielanleitung:

Auf die gleiche Art wie bei der ersten Übung wird goldenes Licht zu den einzelnen Körperteilen geschickt. Dadurch werden die Körperteile erhellt.

Erzieherin:
(dreimal wiederholen)

Farbe

Wir stellen uns vor, dass wir dem Kopf die blaue Farbe schicken. Sie kühlt den Kopf und beruhigt uns.

Weiterer Ablauf:

Nach dieser Einführung legen die Kinder sich auf ihr Kissen und ihre Decke. Die nun folgende Fantasiereise wird mit Hintergrundmusik vorgelesen.

Fantasiereise

Die Erzieherin liest diesen Text mit ruhiger Stimme vor.

Leg dich so bequem hin, dass du entspannt mit mir eine Reise machen kannst.
Spüre, liegst du auch wirklich gut?
Leg dich noch ein wenig bequemer hin.
Nun schließ deine Augen und atme tief und gleichmäßig ein und aus.
Spüre, wie dein Atem dich wärmt, wie er durch deinen Körper fließt.
Nimm nun Abschied von dem Lärm um dich herum.
Mach dich bereit für die Stille, bereit für eine Reise.
Dir geht es jetzt gut.
Klettere auf eine große, weiße Wolke und fliege mit ihr weit fort.
Es ist noch sehr früh am Morgen und die Welt sieht noch farblos und grau aus.
Die Farben verstecken sich in der Morgendämmerung.
Dichter Nebel bedeckt die Erde und macht sie grau und trist.
Du kannst die Farben der Wiese, der Blumen, der Bäume nur erahnen.
Doch plötzlich bricht der Himmel auf.
Goldene Sonnenstrahlen bringen Licht zur Erde.
Dieses Licht vertreibt den Nebel und gibt den Blumen, dem Gras und den Bäumen die Farben.
Die Wolke bringt dich hinunter und du gehst leicht und froh durch die bunte Welt.
Du schaust hin und her und siehst voller Freude das Grün der Wiese, das Rot, Gelb, Blau und Orange der Blumen.
Die Farben glänzen im Sonnenschein.
Du schaust nach oben und siehst die goldene Sonne.
Sie ist es, die der Welt die Farbe zurückgegeben hat.
Zufrieden bleibst du stehn und schaust herum.
Die bunte Welt gefällt dir gut.

Du gehst herum und holst dir von jeder Blume ein Blütenblatt.
Du willst die bunten Farben zur Erinnerung mitnehmen.
Du gehst zurück zur Wolke und besteigst sie wieder.
Ein frischer Windstoß treibt sie voran.
Dabei fliegen einige Blütenblätter wieder hinunter zur Erde.
Sie fallen in einen Fluss und schwimmen davon.
Einige Blütenblätter hältst du noch in deiner Hand.
Du nimmst sie mit nach Hause.

Pause mit Musik. In die Schale und auf die Tücher werden Blütenblätter gelegt.

Langsam bringt dich die Wolke zurück.
Du bist nun wieder in deiner Welt.
Weck langsam deinen Körper.
Spüre dich wieder. Spüre deine Arme, deine Beine, deine Hände, deine Finger, spüre deinen gesamten Körper und wecke ihn. Bewege langsam und nacheinander deine einzelnen Körperteile. Reck und streck dich, öffne deine Augen und nimm die Welt um dich herum mit ihren vielen Farben wahr. Bist du wieder völlig zurück hier im Raum, setz dich und denk an die Reise mit der Wolke zurück.

Abschluss:
Die Kinder können die Blütenblätter durch Fühlen, Sehen und Riechen wahrnehmen. Mit den Blättern können sie ein eigenes Bild gestalten. Hintergrundmusik untermalt diese Phase.

Der Regenbogen

Material: Wollfäden in Rot, Orange, Gelb, Grün, Blau, Lila

Einstieg: Die Wollfäden werden in die Mitte gelegt. Die Kinder können damit frei experimentieren. Aus diesen Fäden wird gemeinsam ein Regenbogen gelegt und im anschließenden Gespräch thematisiert.

Die Erzieherin nimmt von jeder Farbe einen Wollfaden in ihre Hand und erzählt die folgende Geschichte:

Die linke Hand geballt zeigen,
langsam mit dem Finger der rechten Hand eine Sonne malen,
mit einem Finger der rechten Hand eine große Wolke malen,
mit den Fingern der rechten Hand zappeln.

Mit den Fingern einer Hand auf den geschlossenen Handrücken der anderen Hand klopfen,
den roten Faden herausziehen und auf die Erde legen,
den orangefarbenen Faden herausziehen und über den roten Faden legen,
den gelben Faden herausziehen und über den orangefarbenen Faden legen,
den grünen Faden herausziehen und über den gelben Faden legen,
den blauen Faden herausziehen und über den grünen Faden legen,
den lila Faden herausziehen und über den blauen Faden legen,
auf den Regenbogen zeigen.

Die Fäden in beide Hände nehmen und langsam von einer Seite im Bogen zur anderen Seite ziehen,
langsam die Fäden im Bogen zurückziehen,
die Fäden in der Hand verschwinden lassen,
die geschlossene Hand zeigen.

Der Regenbogen schläft ganz leise,
die Sonne, sie macht ihre Reise.

Große Wolken zieh'n am Himmel,

Regen fällt, welch ein Gewimmel,
und die Tropfen klopfen dann,
ganz sanft beim Regenbogen an.

Das Rot erwacht und schaut sodann

das Orange gleich von der Seite an.

Das Gelb,

es weckt das schöne Grün

und schon ist auch das Blau zu sehn.

Nun kommt das Lila angezogen

und fertig ist der Regenbogen.

Er zieht nun aufwärts Stück für Stück,

doch mit der Zeit geht er zurück.
Er ist nun fort, nicht mehr zu sehn,
der Regenbogen war sehr schön.

Nachdem die Geschichte einmal zusammen durchgespielt wurde, können die Kinder sie mit den Wollfäden auch alleine darstellen.

Das Sommergewitter

Materialien: eine große Auswahl an Orff-Instrumenten

Spielhinweis: Die Kinder sollten so viele verschiedene Instrumente zum Experimentieren vor sich liegen haben, dass sie die einzelnen Situationen mit typischen Geräuschen unterlegen können. Auch Löffel, Dosen mit Nägeln, Pergamentpapier usw. können für diese Klanggeschichte eingesetzt werden.

Heute ist ein sehr heißer Tag und ich bin auf dem Weg in die Badeanstalt. Die Sonne steht am wolkenlosen Himmel und schickt ihre Strahlen zur Erde nieder. Ich fühle mich schlapp und mit schweren Schritten gehe ich über einen staubigen Weg. Unterwegs sehe ich viele Menschen. Auch sie sind kraftlos und ihre Schritte sind schwer. Immer wieder suchen sie Schatten. Viele sitzen oder liegen unter Bäumen. Niemand hat heute Lust, irgendetwas zu tun. Auch die Tiere leiden unter dieser Hitze. Die Hunde suchen Schutz unter dicken Bäumen und auch die Katzen verkriechen sich in schattige Ecken. Die Blumen in den Gärten und auf den Wiesen senken ihre Köpfe. Sie haben Durst. Die Luft ist heiß und unzählige kleine Gewittertierchen fliegen und krabbeln überall herum. Ich halte Ausschau nach einem schattigen Plätzchen.
Da entdecke ich eine Bank. Sie steht unter einem großen Kastanienbaum. Sein Blätterkleid ist so dicht, dass kein Sonnenstrahl hindurchdringen kann. Diesen Platz suche ich mir aus. Erschöpft und müde setze ich mich und beobachte die Menschen um mich herum. Sie schwitzen und jeder versucht, den Sonnenstrahlen zu entkommen. Die Straßen sind glühend heiß und die Gewittertierchen krabbeln über meine nackte Haut. Nein, so macht der Sommer auch keinen Spaß. Mit einem Mal kommt Wind auf. Er streicht über meine Haut und kühlt sie. Ich schaue zum Himmel und entdecke in weiter Ferne dicke, dunkle Wolken.

Es sieht nach einem Gewitter aus. Die Wolken werden vom Wind getrieben und in wenigen Minuten ist der Himmel stockfinster. Die Sonne ist verschwunden, der Wind wird stärker. Ich sitze unter dem Baum und beobachte die dunklen Wolken. Plötzlich zuckt weit entfernt ein Blitz am Himmel und dann donnert es auch schon. Der Wind wird immer stärker. Schon spüre ich einige Regentropfen. Ganz sacht fallen sie auf meine Knie. Ich schaue hoch und sehe über mir schwarze Wolken. Jetzt donnert und blitzt es in einem fort. Hier kann ich nicht mehr bleiben. Schnell mache ich mich auf den Heimweg. Der Regen wird immer stärker. Es regnet so stark, dass ich in wenigen Sekunden von Kopf bis Fuß nass bin. Die letzten Meter bis zum Haus renne ich ganz schnell. Es donnert und blitzt fast ohne Pause. Im Haus angekommen setze ich mich ans Fenster und beobachte das Gewitter. Doch so schnell wie es gekommen ist, so schnell ist es auch wieder vorbei. Es blitzt und donnert nur noch selten. Auch der Regen lässt nach und die dunklen Wolken werden vom Wind weggepustet. Jetzt kommt auch die Sonne wieder. Nichts mehr ist von dem Gewitter zu hören und zu sehen. Schnell gehe ich wieder nach draußen und atme die frische Luft tief ein. Es ist kühler geworden und die Menschen können wieder mit frischer Kraft ihrer Arbeit nachgehen. Auch die Blumen und Bäume haben sich wieder aufgerichtet. Die Tiere laufen, springen und toben ausgelassen herum. Die Gewittertierchen sind wie weggeblasen und es ist wieder ein wunderbarer Sommertag.

Kreative Wasserspiele

Körperkunst

Materialien: Töpfe mit verschiedenen, wasserlöslichen Farben, Schwämme, Pinsel, Wasser, Wasserschlauch (mit Anschluß zum Wasserhahn) und Eimer

Anleitung: Die Kinder (nur mit Badehose bekleidet) können sich nach Herzenslust gegenseitig mit der Hand, dem Pinsel oder dem Schwamm bemalen und sich so ein hautenges Körperkleid malen. Zum Schluss werden sie mit dem Wasserschlauch gereinigt.

Kunstvolles mit Händen und Füßen

Materialien: eine oder mehrere große Mülltüten oder Folie, Wasser, Schmierseife, Sand, Erde, klein geschnittenes Stroh, evtl. Korn, Futtererbsen, verschieden große Steine

Anleitung: Die Folie oder Mülltüte wird ausgebreitet. Die Kinder können, mit Badezeug bekleidet, mit Hilfe von Wasser und den anderen Hilfsmitteln, mit Händen und Füßen patschen, kratzen, schlurfen und so immer wieder neue Bilder entstehen lassen. Bei diesem Malspiel kann Musik im Hintergrund laufen.

Figuren aus Seifenblasen

Materialien: eine runde Plastikschüssel, gefüllt mit einer Lösung aus Wasser und reichlich Spülmittel, Blumendraht, Zange, ein Blumentopf mit Sand, Korken.

Bastelanleitung: Aus Blumendraht können Gebilde geformt werden, z.B. Schmetterlinge, Blumen. Dieses Drahtgebilde wird kurz in die Seifenlauge getaucht und das Kunstwerk ist fertig. Man kann es als Dekoration in einen Blumentopf mit Sand stecken und auf die Fensterbank stellen.

Wisch-Wasch, das Matschgespenst

Materialien:
Siehe Kunstvolles mit Händen und Füßen

Weit weg von hier, hinter den Bergen wohnt Wisch-Wasch, das Matschgespenst. Es spielt nicht so wie ihr mit Autos oder Puppen, nein, es matscht. Von morgens bis abends macht es nichts lieber, als mit Händen und Füßen, ja sogar mit seinem ganzen Körper, zu matschen.

Ein Eimer mit Wasser wird auf die Folie geschüttet. Die Kinder patschen durch das Wasser.

Morgens, wenn es wie aus Eimern geregnet hat,
steht Wisch-Wasch auf und geht hinaus auf die große Wiese.
Fröhlich patscht es durch die Pfützen.

Mit den Füßen schlurfen.

Wisch-Wasch schlurft durch das Gras

Schmierseife oder Erde auf das Wasser schütten.

und entdeckt weiche, matschige Erde.

Mit den Füßen patschen, matschen und schlittern.

Nun kann Wisch-Wasch erst richtig gut patschen, matschen und auch schlittern.

Erbsen auf die Schmierseife schütten.

Wisch-Wasch geht weiter und marschiert über einen steinigen Weg.
Es spürt jeden Stein unter seinen Füßen. Nun kommt es an einem Kornfeld vorbei.

Stroh auf die Folie werfen.

Wisch-Wasch geht fröhlich mit seinen nackten Füßen über das Stroh.
Es ist schön, die Steine, das Wasser und den Matsch zu spüren.

Mit Händen und Füßen matschen usw.

Wisch-Wasch ist glücklich. Vor Freude matscht, kratzt und schmiert es mit Händen und Füßen.
Es gibt für Wisch-Wasch kein schöneres Spiel als dieses.

Die Kinder wälzen sich in dieser Matsche und schmieren sich damit ein.

Weil es sich heute besonders glücklich fühlt und weil es ein Matschgespenst ist, wälzt sich Wisch-Wasch in der Matsche und cremt sich von oben bis unten damit ein.
Das ist eine Freude.
Die Sonne scheint und Wisch-Wasch ist so richtig in seinem Element.

Die Kinder werden mit einem Schlauch abgespritzt.

Doch plötzlich kommen dunkle Wolken auf und es beginnt zu regnen.
Nun ist Wisch-Wasch wieder sauber und kein Matschgespenst mehr.
Jetzt läuft es schnell nach Haus zurück.

Die Kinder rubbeln sich mit einem Handtuch gegenseitig ab. Die Kinder legen sich auf eine große Wolldecke.

Dort rubbelt seine Mutter es mit einem
weichen Handtuch trocken.
Wisch-Wasch ist müde, legt sich auf
eine Decke und schläft ganz
schnell ein.

Spiele mit dem Schatten

Malspiel

Wenn die Sonne scheint, macht es viel Spaß, den Schatten zum Malen zu nutzen. Dies kann man in kleinen und etwas größeren Gruppen gut durchführen. Die Kinder benötigen Kreide oder aber dicke Malstifte und große Papierbögen. Sie können die eigenen Körper oder auch Gegenstände dazu benutzen, um Schattenbilder herzustellen. Diese werden dann mit Hilfe der Kreide oder der Stifte abgemalt und anschließend bunt ausgemalt.

Schatten fangen

Ein Kind ist der Schattenfänger, die anderen sind die Schatten. Nun muss der Schattenfänger versuchen, einen Schatten zu fangen. Er hat ihn erwischt, wenn er in den Schatten tritt. Jedes Kind, welches gefangen wurde, wird nun ebenfalls Fänger. Das Spiel ist beendet, wenn alle Schatten gefangen wurden.

Schattenjagd

Variation:

Ein Kind ist der Jäger. Die restlichen Kinder laufen auf einem asphaltierten Gelände herum. Der Jäger muss die Schatten der Kinder fangen, d.h., auf sie treten. Sie müssen auf der Stelle stehen bleiben, denn sie sind ab diesem Moment versteinert. Wenn nur noch der Jäger herumläuft, ist das Spiel beendet.

Schattenspringen

Die Kinder verteilen sich so, dass ihre Schatten sich auf dem Boden nicht berühren. Ein Kind ist der Schattenspringer. Er springt von Schatten zu Schatten und sammelt so die Kinder ein. Je mehr Kinder eingefangen werden, umso größer ist der Abstand zwischen den Schatten und umso schwieriger ist das Schattenspringen.

Schatten treten

Die Kinder finden sich paarweise zusammen. Ein Kind stellt sich mit gegrätschten Beinen und ausgebreiteten Armen so hin, dass sein Schattenbild gut zu sehen ist. Das andere Kind ist der Springer. Der Spielleiter (ein Kind) steht am Rand der Spielfläche und benennt immer ein Körperteil, z.B. Hand. Dann muss der Springer auf die Schattenhand des Partners springen. Das Kind, welches den Schatten bildet, muss versuchen, das zu verhindern und seine Körperhaltung verändern. Danach werden die Rollen getauscht.

Rätsel

Scheint die Sonne, geht er mit,
begleitet dich auf Schritt und Tritt.
Er ist mal lang und auch mal klein,
er lässt dich niemals ganz allein.
Er ist genauso schnell wie du,
bleibst du stehn, gönnt er sich Ruh.
Doch ist die Sonne nicht zu sehn,
kannst du ohne ihn auch gehn.
Mit ihm zu spielen, das ist schön,
du kannst ihn ganz verschieden sehn.

(Schatten)

Basteln und Experimentieren

Sonnenuhr

Materialien: ein Stab, Steine oder Holzklötzchen

Bastelanleitung: Der Stab wird an einem Standort, der den ganzen Tag über in der Sonne liegt, in den Boden gesteckt. Je nach Stand der Sonne wird zu jeder vollen Stunde eine Markierung am Schattenende gemacht (entweder einen Stein oder ein Holzklötzchen im Boden festklopfen). Fertig ist die Sonnen- oder die Schattenuhr. Am nächsten Tag zeigt die Schattenlinie zwischen oder auf den Markierungen die Zeit an. Dies ist die älteste Vorrichtung zur Zeitmessung.

Sonnenspiegelmosaik

Materialien: für jedes Kind ein flaches Gefäß, Alufolie, Spiegelscherben, Material zum Verzieren wie Sterne, Glimmer u.ä., Gips, für jedes Kind eine Pinzette, für jedes Kind Arbeitshandschuhe

Bastelanleitung: Die Kinder umwickeln das Gefäß von außen mit der Alufolie. Dann wird es bis zum oberen Rand mit angerührtem Gips gefüllt. Mit einer Pinzette drücken sie die Spiegelscherben in den Gips. Anschließend werden die Zwischenräume dekoriert. Nachdem der Gips getrocknet ist, können die Kinder damit draußen die Sonnenstrahlen reflektieren.

Die Kraft der Sonne

Materialien:
zwei Schälchen oder Eimer, Wasser

1. Zwei Eimer (mit Schälchen geht es viel schneller, falls nötig!) werden mit Wasser gefüllt. Einer wird in einen schattigen Raum gestellt, der andere in die Sonne. Nach ein paar Stunden können die Kinder mit der Hand die unterschiedlichen Temperaturen feststellen.

farbiges Papier

2. Ein farbiges Papier wird in die Sonne gelegt und ein Teil des Papiers mit einem Gegenstand abgedeckt. Nach einiger Zeit lassen Sie die Kinder den Gegenstand entfernen. Sie werden feststellen, dass die Farbe des Papierstückes, das in der Sonne lag, verblasst ist.

gemähtes Gras

3. Ein wenig gemähtes Gras wird in die Sonne gelegt. Schon nach kurzer Zeit ist zu beobachten, dass das Gras austrocknet – aus Gras wird Heu.

ein mit Wasser gefülltes Schälchen

4. Ein Schälchen wird mit ein wenig Wasser gefüllt. Durch die Kraft der Sonne ist das Wasser nach einiger Zeit verdunstet.

Häuptling Wilder Wolf und sein böser Bauch

Aufgabe:

Während die Geschichte vorgetragen wird, sollen die Kinder aufmerksam zuhören, denn im Anschluss müssen sie Fragen beantworten. Das Kind, das die meistn Fragen richtig beantworten kann, wird dann zum Häuptling ernannt.

In jedem Indianerstamm wird der mutigste, tapferste und klügste Mann zum Häuptling gewählt. Er soll den Frieden erhalten, die Schwachen unterstützen und seinem Volk mit Rat und Tat zur Seite stehen. So einen mutigen und klugen Häuptling haben die Hopis.
Er heißt Wilder Wolf und wird von allen verehrt und geliebt. Seit Tagen macht sich aber sein Volk große Sorgen um ihn, denn er liegt in seinem Zelt aus Bisonhaut, dem Tipi, und stöhnt laut vor sich hin. Er hat einen dicken Bauch und so wie es aussieht, quälen ihn schlimme Schmerzen. Ein böser Geist wohnt in ihm und macht ihn schrecklich krank. Es ist die Zeit des Gras-Mondes (Monat April) und die indianischen Frauen gehen täglich hinaus in die Wälder und auf die Wiesen, um dort Beeren und Kräuter zu suchen. Aus den Kräutern kochen sie Tee und bringen ihn ihrem kranken Häuptling. Sie machen ihm warme Umschläge und kochen ihm täglich eine kräftige Truthahnsuppe. Doch der Bauch von Häuptling Wilder Wolf wird von Tag zu Tag dicker und sein Stöhnen immer lauter.

Die Indianer senden Rauchsignale aus und von weit her kommen fremde Indianer, um den kranken Häuptling zu besuchen. Auch der Medizinmann kommt jeden Tag mit einer neu zusammengerührten Paste und mit Kräutern, die dem Häuptling helfen sollen. Doch auch diese Medizin macht ihn nicht gesund. Die ältesten Indianer des Stammes bilden den Ältestenrat. Er muss nun zusammenkommen, um eine Lösung zu suchen. Die Ältesten zünden ein Lagerfeuer an, setzen sich zusammen und rauchen gemeinsam die Pfeife. Den Rauch schicken sie mit einem Wunsch zu den Göttern. Dies soll den Häuptling gesund machen. Bis tief in die Nacht hinein sitzen die Ältesten zusammen und mit jedem Zug aus der Pfeife bitten sie die Götter um Hilfe. Erst spät in der Nacht legen sie sich schlafen und noch immer hören sie das Stöhnen ihres großen Häuptlings. Mitten in der Nacht wird der Indianerstamm plötzlich von einem lauten Aufschrei geweckt. Bewaffnet mit Pfeil und Bogen und dem Kriegsbeil stürzen die Männer in das Tipi des Häuptlings Wilder Wolf. Der sitzt auf seinem Lager und strahlt. Sein dicker Bauch ist fort und seine Schmerzen auch. Der böse Geist hat ihn verlassen und Wilder Wolf ist wieder gesund. Vor Freude tanzen die Indianer die ganze Nacht und schießen brennende Pfeile, die Feuerpfeile, in die Luft. Die sollen allen anderen Stämmen berichten, dass ihr großer Häuptling Wilder Wolf wieder gesund ist.
Von nun an geht Wilder Wolf jeden Tag in die Schwitzhütte, um sich abzuhärten. Die Stammesfrauen machen ihrem Häuptling aus getrockneter Bisonhaut einen Medizinbeutel und füllen ihn mit Federn, Kräutern, Steinen und anderen Dingen, die ihn von nun an vor den bösen Geistern schützen sollen.

Abschluss

Durch die Fragen wird der Inhalt der Geschichte wiederholt. Jede Erzieherin kann den Fragenkatalog selbst zusammenstellen. Die Fragen werden auf kleine, farbige Pappfedern geschrieben. Diese liegen in der Kreismitte. In einem Beutel, der aus einem großen Fensterleder hergestellt worden ist, sind bunte Bastelfedern, die farblich mit den Pappfedern übereinstimmen. Nun kann reihum jedes Kind eine Feder aus dem Beutel nehmen, die entsprechende Pappfeder aus der Kreismitte holen und versuchen, die gestellte Frage (die von der Erzieherin vorgelesen wird) zu beantworten. Sollte es allein die Lösung nicht finden, helfen die restlichen Kinder bei der Beantwortung der Frage.

Mögliche Fragen:
1. Wie heißt der Häuptling in dieser Geschichte?
2. Wie heißt der Indianerstamm in dieser Geschichte?
3. Wie heißt der Rat, in dem die ältesten Indianer sind?
4. Wie heißen die Indianerzelte?
5. Welche Schmerzen hatte der Häuptling?
6. Was haben die Stammesfrauen dem Häuptling zum Schutz vor bösen Geistern geschenkt?

Was man wissen sollte!

• Aus Heilpflanzen stellten die Indianer Medizin her. Bei den Indianern gab es einen Medizinmann. Er musste helfen, wenn ein böser Geist einen Indianer sehr schwer krank gemacht hat. Mit Zaubersprüchen und Kräutern versuchte er, den bösen Geist aus dem Körper des Kranken zu verjagen.
• Indianer härteten sich in einer Schwitzhütte ab. Dort wurden heiße Steine mit Kräuterwasser bespritzt und diese erzeugten Dampf. Nach dem Schwitzen kühlte man sich in kaltem Wasser oder Schnee ab.
• Um sich vor bösen Geistern zu schützen, trugen sie einen Medizinbeutel mit sich. Darin wurden Dinge aufbewahrt, die Zauberkraft besitzen sollten, wie Federn, Hörner, Zähne von erlegten Tieren, Kräuter, Pfeife, Steine usw.

Roter Mond und sein aufregender Fischfang

Hinweis:

Die Kinder haben sich einen Kopfschmuck gebastelt, der während der IndianerTage in der Kita aufbewahrt werden sollte, damit sich alle schnell in kleine Indianer verwandeln können. Aber nicht nur die Verkleidung, auch die Instrumente, die zu dieser Verklanglichung verwendet werden sollten, unterstreichen ihren indianischen Charakter. Wie die indianischen Instrumente gebastelt werden, sehen Sie auf Seite 123/124.

Material:

selbst gebastelte indianische Instrumente wie unterschiedliche Trommeln und Rasseln, eine Auswahl an Orff-Instrumenten, eine Schüssel mit Wasser, für jedes Kind ein indianischer Kopfschmuck und Schminkstifte

Einstieg:

Zunächst verwandeln sich die Kinder in kleine Indianer. Sie können sich schminken und bekommen den Indianerkopfschmuck aufgesetzt. Alle setzen sich im Schneidersitz auf den Boden. Die Erzieherin bittet die Kinder, die Augen zu schließen. Nun holt sie die Schüssel mit Wasser und erzeugt plätschernde Geräusche. Die Kinder erraten das Geräusch und erzählen spontan, woran es sie erinnert. Danach stellt ihnen die Erzieherin den Indianer Roter Mond mit der folgenden Geschichte vor.

Es ist früh am Morgen und noch bevor die große Sonne aufgeht, kriecht Roter Mond aus seinem Tipi, zieht seine dünnen Lederschuhe an, holt einen Topf aus einem getrockneten Bisonmagen und schleicht auf leisen Sohlen zum Bach. Heute morgen regnet es ein wenig und Roter Mond geht darum etwas schneller. Am Bach will er wie jeden Morgen große und kleine Fische für das Frühstück fangen. Der Indianer Roter Mond muss jeden Tag viele Fische fangen, denn seine Familie ist groß. Zu Hause wollen seine Frau und vier hungrige Kinder Fische zum Frühstück. Es regnet immer noch und Roter Mond stellt sich mitten in den plätschernden Bach. Dort wartet er geduldig auf die Fische. Heute schwimmen um ihn herum unzählige große und kleine Fische. Flink sausen sie im plätschernden Wasser hin und her. Roter Mond greift geschickt nach ihnen und bald ist der Topf voll. Der Regen hat aufgehört und die glühend heiße Sonne erscheint am Himmel. Roter Mond macht sich nun schnell auf den Heimweg. Plötzlich hört er hinter sich ein Kratzen. Er schaut sich um und entdeckt im Baum einen Bären. Da auch der Bär Fische mag, verfolgt er Roter Mond, der schnell wegläuft. Roter Mond rettet sich in eine enge Felsspalte eines Berges. Dort hinein kann ihm der Bär nicht folgen. Roter Mond wartet, bis der Bär aufgibt und verschwindet. Doch gerade als Roter Mond weitergehen will, hört er lautes Trampeln. Er schaut aus der Felsspalte und sieht, wie eine Bisonherde an ihm vorbeiläuft. Roter Mond bleibt noch in der Felsspalte, denn dort ist er in Sicherheit. Als das laute Trampeln verklungen ist und Roter Mond gehen will, hört er über sich das Kreischen eines Adlers. Schon wieder lauert Gefahr und Roter Mond wartet, bis der Adler hinter den Bergen verschwunden ist. Nun wird es aber höchste Zeit. Zu Hause warten Frau und Kinder bestimmt schon auf das Frühstück. Roter Mond rennt nun, so schnell er kann, zum Lager zurück. In der Ferne sieht er ein paar Wildpferde, die in wildem Galopp davonlaufen. Endlich hat er es geschafft. Er ist zu Hause. Seine Frau hat im Tipi schon das Feuer angemacht, aber die Kinder schlafen noch. „Warum kommst du so spät?“, fragt sie besorgt. Roter Mond setzt sich mit ihr an das knisternde Feuer und erzählt ihr ganz leise von den aufregenden Erlebnissen.

Abschluss:

Die Instrumente werden in die Mitte gelegt. Die Kinder experimentieren, mit welchen Instrumenten die Tiere in der Geschichte klanglich dargestellt werden können. Dann wird die ganze Geschichte verklanglicht.

Lie und ihre Trommel Bom

Hinweis:

Da bei den IndianerTagen die Möglichkeit besteht, Turnspiele nur mit Jungen durchzuführen, kann dieses Angebot in Ergänzung dazu ausschließlich mit Mädchen durchgeführt werden. Die in Indianerinnen verwandelten Mädchen knien sich wie echte Indianerinnen auf den Boden und setzen sich dann auf ihre Unterschenkel; sie sitzen also nicht wie die Indianerjungen im Schneidersitz.

Material:

eine große Auswahl an selbst gemachten Trommeln oder Trommeln, die im Kindergarten vorhanden sind, eine Decke

Vorbereitung:

Die Trommeln werden in die Kreismitte gelegt und mit der Decke zugedeckt.

Einstieg:

Die Erzieherin bittet die Mädchen, die Augen zu schließen. Sie nimmt eine Trommel, spielt auf ihr einen Takt und legt die Trommel wieder unter das Tuch. Die Mädchen öffnen die Augen und erraten das Instrument, mit dem der Takt gespielt wurde. Nun sollen sie gut zuhören. Die Erzieherin holt eine Trommel, spielt auf ihr einen leichten Takt und bittet die Mädchen, diesen Takt mit den Händen nachzuschlagen. Danach erzählt sie ihnen von einem Indianermädchen, das eine Trommel besitzt und mit ihr wunderschöne Musik macht. Dann erzählt sie folgende Geschichte (ohne Trommelgeräusch).

Lie, das kleine Indianermädchen, hilft oft und gerne ihrer Mutter bei der Hausarbeit. Sie lernt töpfern und flechten, nähen und sticken, Felle und Häute bearbeiten, weben, färben, Medizin herstellen und sie arbeitet mit auf dem Feld. Wenn Lie ihre Arbeit verrichtet hat, dann spielt sie am liebsten auf ihrer Trommel, die sie liebevoll Bom nennt. Am liebsten trommelt Lie allein und darum geht sie hinaus in die Steppe und spielt dort auf ihrer Trommel Bom wunderschöne Rhythmen. Manchmal spielt auch der Wind mit Bom. Er bläst so stark, dass die dicken Holzperlen, die an langen Schnüren an der Trommel herunterhängen, auf die Trommel schlagen. Dann tanzt Lie nach diesem Rhythmus des Windes. Wohin Lie auch geht, niemals vergisst sie ihre Trommel. Doch eines Abends passiert etwas Schreckliches. Lie wird von dem Stampfen einer Bisonherde überrascht. Sie erschrickt so sehr, dass sie Bom fallen lässt und fortläuft. Ganz allein und verlassen liegt die Trommel nun da. So allein in der Steppe gefällt es der Trommel Bom gar nicht. Sie möchte gerne zu Lie, denn bei ihr hat sie sich sehr wohl gefühlt. Doch die Tage vergehen und ihre Freundin Lie kommt nicht zurück, um sie abzuholen. Hat sie Bom vergessen? Bom wird von Tag zu Tag trauriger. Ganz langsam bewegt sie ihren kleinen Trommelkörper und die Perlen schlagen leise auf ihr Fell. Bom sendet so Hilferufe aus. (Ein Kind trommelt leise mit den Fingerspitzen auf eine Trommel.) Doch niemand hört sie. Der Wind weht und streicht tröstend über ihr Trommelfell. (Leise mit der flachen Hand über die Trommelhaut reiben.) Doch Bom ist nicht zu trösten. Sie denkt immer nur an Lie, schließt die Augen und träumt von

der Zeit mit ihr. Mit einem Mal hört sie einen anderen Trommelruf. (Ein anderes Kind trommelt mit den Fingerspitzen leise auf einer Trommel.) Bom liegt da und hört zu. Schnell vergisst sie ihre Traurigkeit. Jetzt hört sie immer mehr Trommeln. Sie alle spielen denselben Rhythmus. (Die anderen Kinder trommeln den vorgegeben Takt.) Er kommt ihr sehr bekannt vor. Es ist der Rhythmus, den Lie immer auf ihr getrommelt hat. Ganz langsam schwingt sie ihren kleinen Trommelkörper und die Perlen trommeln im Rhythmus der anderen Trommeln mit. (Das Kind, welches Bom spielt, schlägt im Takt der anderen Tommeln mit.) Bom freut sich. Sie ist nun nicht mehr einsam und allein. Mit vielen anderen Trommeln trommelt sie mit. (Alle trommeln gemeinsam weiter.) Plötzlich aber ist es wieder still. (Die Trommeln verstummen.) Bom stutzt. War alles nur ein Traum? Sie schaut sich um und sieht, dass sie immer noch allein ist. Ja, es war alles nur ein Traum! Kein Trommelgeräusch ist zu hören. Jetzt spürt Bom den Wind. Er weht heute viel stärker als sonst. Aus allen Richtungen bläst und pustet er.
(Alle Kinder reiben mit der Handfläche auf der Trommel.) Bom purzelt hin und her und bei jeder Bewegung schlagen die Perlen fest auf ihr Fell und erzeugen ein lautes Trommelgeräusch. (Die Bom-Trommel wird laut und unregelmäßig geschlagen.) Auf einmal beginnt sie zu rollen. (Mit einem Finger kreisende Bewegungen über das Trommelfell machen.) Der Wind bläst und bläst und die Trommel rollt immer weiter und weiter. (Alle anderen Kinder reiben mit der Handfläche auf der Trommel, ein Kind ahmt das polternde Geräusch der rollenden Bom-Trommel nach.) Nach einer langen, rollenden Reise bleibt Bom vor einem Tipi liegen. Der Wind bläst und ihre Perlen schlagen leise auf ihr Fell. (Die Bom-Trommel wird leise geschlagen.) Da kommt ein Mäd-

chen aus dem Tipi. Es ist Lie. Sie sieht Bom, nimmt sie und trommelt vor Freude einen wunderschönen Rhythmus. (Eine Trommel spielt einen Takt.) Nun kommen aus allen Tipis die Indianermädchen und trommeln mit. (Alle Trommeln nehmen den Takt auf.) Alle freuen sich, dass Lies Trommel wieder da ist. An diesem Tag spielen die Indianermädchen so lange zusammen, bis die Dunkelheit das Licht vertreibt. Doch dann werden sie müde und nach und nach verstummen die Trommeln. (Nacheinander das Trommelspiel beenden.) Nur Lie spielt auf ihrer Trommel noch ein wenig weiter. (Das Kind, welches Lie spielt, trommelt den Takt noch ein wenig weiter.) Aber dann ist auch sie müde und geht mit ihrer Trommel ins Zelt.

Abschluss:

Die Trommeln werden an die Kinder verteilt und sie können nun frei eigene Trommeltakte erfinden. Diese Rhythmen stellen sie nacheinander den anderen Kindern vor, die dann versuchen, diese Takte nachzuspielen. Danach werden die Rollen für die Geschichte vergeben und sie kann auf den Trommeln begleitet werden.

Flink und geschwind, wie die Indianer sind

Hinweis:

Mit dieser Aktion können die Initiationsriten, die in allen Indianerstämmen verbreitet waren, nachgespielt werden. Bei diesen Riten müssen Indianerjungen ihre Geschicklichkeit unter Beweis stellen, um in der Gemeinschaft anerkannt und als vollwertige Mitglieder aufgenommen zu werden. Den Jungen in der Kita (aber natürlich ebenso den Mädchen) macht es sicherlich Spaß zu zeigen, was in ihnen steckt.

Material:

Kästen, Bänke, Leitern, Matten, Ringe, Hüpfbälle, Kriechtunnel oder Kriechfässer, Trampolin oder Matratzen, dicke Taue, eine selbst gemachte Trommel oder Tamburin, eine große Decke, für jedes Kind eine besonders lange und auffällige Feder

Raumvorbereitung:

Die Decke wird in einer Raumecke ausgebreitet. Die Turngeräte stehen bzw. liegen griffbereit.

Einstieg:

Die Kinder sitzen mit gekreuzten Beinen im Indianersitz auf dem Boden und erfahren in einer kurzen Geschichte etwas über den Indianerjungen Jobu.

Indianerjungen wird von klein auf gesagt, dass ein Indianer Mut und Kraft haben und geschickt sein muss. Erst wenn er diese Eigenschaften hat, dann kann er ein guter Jäger werden. Damit das jedem Indianerjungen gelingt, üben die Väter mit ihren Kindern in vielen Spielen das Klettern, Balancieren, das Springen und das Überwinden von Hindernissen. Dazu treffen sich einmal in der Woche die Väter mit ihren Jungen in der Mitte des Zeltdorfes und bauen dort eine Kletterlandschaft auf. Alle sind mit Freude bei der Sache. Nur Jobu nicht, denn er hat Angst. Er mag nicht balancieren, nicht klettern, nicht springen. Wenn sein Vater mit ihm zu dem Treffpunkt gehen will, dann hat er immer eine Ausrede. Mal hat er Bauchweh, ein anderes Mal schmerzt ihn sein Kopf oder er hat Ohrenschmerzen. Doch sein Vater duldet diese Ausreden nicht. Er nimmt ihn an die Hand und geht mit ihm zum Treffpunkt. Dort warten alle schon auf die beiden. Während die anderen Jungen viel Spaß haben, ist Jobu immer ängstlich und sehr ernst. Wenn er die Spiele schließlich hinter sich gebracht hat, dann ist er richtig froh. Das kann so nicht weitergehen, denkt er sich. Ich will doch auch ein mutiger und starker Indianer werden. Aber weil er nicht so wagemutig ist wie all die anderen Jungs, macht er sich daran, allein hinter den Zelten ein wenig zu üben. Damit Jobu seine Angst verliert, übt er jeden Tag ein wenig das Klettern, Balancieren und Springen. Zu seiner Freude wird er immer sicherer und eines Tages hat er keine Angst mehr vor den gemeinsamen Spielen. Freudig wie alle anderen Jungen springt, klettert und balanciert er in der Kletterlandschaft herum und ist genauso mutig, kräftig und geschickt wie sie. Sein Vater ist stolz auf ihn und sagt: „Siehst du, Übung macht den Meister und nun bist du auf dem besten Weg, ein mutiger Jäger zu werden."

Nach dieser Geschichte werden die Kinder eingeladen, Indianer zu sein und in den folgenden Spielen auch ihren Mut, ihre Kraft und ihre Geschicklichkeit zu beweisen.

Hinweis:

Die aufgeführten Spiele sind nur Vorschläge und es sollte immer Platz gelassen werden für Ideen der Kinder!

Laufen, Stoppen, Richtung wechseln

Die Erzieherin gibt einen Rhythmus auf dem Tamburin oder auf einer Trommel vor. Die Kinder laufen nach dem Takt der Trommel durch den Raum und müssen schnell reagieren und auf Zurufen stoppen, die Richtung wechseln und wieder laufen.

Wildpferde einreiten

Die Hüpfbälle liegen im Raum. Auf ein Signal (Indianerschrei) laufen die Kinder zu einem Hüpfball und „reiten" schnell und mit großen Sprüngen im Raum umher. Stürzt ein Kind um, muss es eine Reiterpause machen.

Täler überqueren

Aus verschieden hohen Sprungkästen oder anderen Kästen werden mithilfe von Laufbalken, schmalen und breiten Turnbänken und Leitern verschieden hohe Balancierwege errichtet. Diese sollen die Kinder überqueren, ohne herunterzufallen.

Über den See schwingen

Wenn die Möglichkeit besteht, werden Ringe aufgehängt, unter denen eine Matte liegt (See). Die Kinder sollen versuchen, mit Schwung über diese Matte zu kommen, indem sie sich an dem Ring hochziehen und über die Matte baumeln. Auf der anderen Seite des Sees springen sie ab.

Berge besteigen und in Tiefen springen

Aus verschiedenen Kästen und Klettergeräten wird eine Kletterlandschaft aufgebaut. Hier können die kleinen Indianer ihren Mut beim Klettern und Springen beweisen. Zusätzlich können Matten in unterschiedlichen Abständen auf die Erde gelegt werden. Sie stellen Bäche dar, über die die Kinder springen müssen.

Über reißende Flüsse springen

Ein Trampolin wird als Sprungbrett benutzt, um dann anschließend so weit wie möglich zu springen. Die Landezone wird mit Matten weich ausgelegt. Alternativ zum Trampolin können mehrere Matratzen aufeinander gelegt werden.

Höhlen durchkriechen

Spielfässer oder Stofftunnel werden aufgestellt, die die Kinder durchkriechen müssen. Stofftunnel können einfach selbst hergestellt werden, indem mehrere alte Betttücher aneinander genäht und zu einem geschlossenen Stofftunnel zusammengefügt werden.

Abschluss:

Die Kinder treffen sich wieder auf der Decke und können ihre Empfindungen und Ängste, die bei den Spielen entstanden sind, den anderen Kindern mitteilen. Danach bekommt jeder eine besonders lange Feder, die ihn als mutigen Indianer auszeichnet.

Ideen für eine schöne Indianerzeit

Indianerschmuck

Material:
lange Schuhbänder oder Kordel, verschiedene Holz- und Glasperlen (oder selbst gemachte Perlen aus Ton), bunte Bastelfedern, in Scheiben geschnittene Weinflaschenkorken, in Scheiben geschnittene dicke Äste (oder Bastelscheiben), feine Lederstreifen (Fensterleder), getrocknete Blätter und Gräser, selbst gemachte, dekorativ gestaltete Anhänger aus Ton, dünner Basteldraht, Nadel, Lederlocher, Zange, Garn

Anleitung:
Aus den verschiedenen Naturmaterialien basteln die Kinder fantasievolle Kopfbänder, Gürtel, Hals- und Armketten und sonstigen Indianerschmuck. Die Erzieherin hilft beim Lochen der Lederstreifen, beim Schneiden der Korken und Bohren der Löcher in die Kork- und Holzscheiben, die beklebt und aufgefädelt oder mit Basteldraht arrangiert werden können. Die Kinder lassen ihrer Fantasie freien Lauf und kreieren ihren eigenen Schmuck.

Medizinbeutel

Material:
pro Tasche ein Stück Fensterleder, bunte Wollreste, Perlen, dicke Stopfnadeln, Lederlocher, verschiede Garne, Schere

Anleitung:
Ein Fensterleder wird zu einer kleinen Tasche zurechtgeschnitten. Mit dem Lederlocher wird das Lederstück mit vielen Löchern versehen. Am oberen Rand wird ein Stück festes Garn oder Schnur durch die Löcher gezogen, damit der Beutel zugeschnürt werden kann. Mit den Garnen und Perlen wird der Beutel farbenfroh gestaltet. Fransen aus Wollresten machen den Beutel besonders dekorativ. Eine lange Wollkordel ermöglicht es den Kindern, diesen Beutel umzuhängen und in ihm Schätze zu sammeln.

Kopfschmuck

Material:
bunte Wellpappe, Bastelfedern, Wolle, Perlen in verschiedenen Formen und Farben, dünne Korkscheiben, eventuell kleine Glöckchen, Schere, Klebstoff, Hefter und Klammern

Anleitung:
Aus der Wellpappe wird ein breiter Streifen geschnitten. Der Streifen sollte etwas länger sein als der Kopfumfang des Kindes, das den Kopfschmuck tragen will. Der Streifen wird mit Perlen, Federn und anderen Materialien geschmückt. Besonders dekorativ sind lange Bänder aus Federn, Perlen und Glöckchen, die dann seitlich an das Wellpappenband geheftet werden. Dann wird das Pappband an den Enden so übereinander gelegt und zusammengetackert, dass der fertige Kopfschmuck nicht zu eng und nicht zu weit sitzt.

Pfeile und Köcher

Material:
lange, dicke Papprohre, Fellreste, schöne Bordüren, Krepppapier, dicke Wollreste, Perlen, Federn, Scheren, Klebstoff, Lederreste, buntes Klebeband, viele dünne Bambusstäbe

Anleitung:
Das Papprohr wird an einer Seite mit Fell oder Leder verschlossen. Nun kann es mit den zur Verfügung stehenden Materialien dekoriert werden. Eine lange Kordel wird oben und unten befestigt und schon kann der Köcher umgehängt werden. Er kann mit Pfeilen aus langen, dünnen Bambusstöcken, die an einem Ende mit einer kleinen Feder dekoriert sind, gefüllt werden.

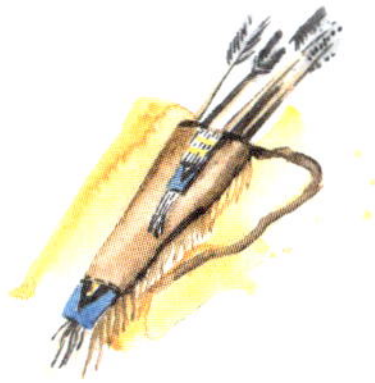

Kleine Trommeln

Material:
viele verschiedene Blech- und Pappdosen (Waschmittel, Tee, Kindernahrung usw.), größere Lederreste oder Fensterleder, große und kleine Luftballons, bunte Stoffreste, Kordeln, Fellreste, Bordüren, Wolle, Perlen, Federn, Glocken, Schere, Klebstoff, buntes Klebeband

Anleitung:
Das Mundstück eines Luftballons wird abgeschnitten und der Ballonteil über eine Dose gezogen. Dieses Trommelfell wird am Dosenrand mit einer Kordel, buntem Klebeband oder einem festen Wollfaden fixiert. Statt des Luftballons kann auch ein Fensterleder oder Fellrest als Trommelfell benutzt werden. Nun werden die Dosen außen fantasievoll gestaltet. Jede Dose klingt anders.

Hinweis:
Aus Plastikbechern können kleine Fingertrommeln gebastelt werden.

Indianische Rasseln

Material:
Plastikbecher, buntes Klebeband, Scheren, Stifte, mit denen Plastik bemalt werden kann, verschiedene Füllmaterialien wie kleine Steine, Sand, Futtermais, Futtererbsen, kleine Nägel usw.

Anleitung:
In einen Plastikbecher werden ca. 1 bis 2 Esslöffel Füllmaterial geschüttet. Ein zweiter Becher wird darauf gestülpt und die beiden Becher werden fest mit buntem Tesaband verklebt. Nun kann jedes Kind seine indianische Rassel bemalen und mit Zeichen und selbst gestalteten Ornamenten verzieren.

Indianisches Kleid oder Hemd

Material:
saubere Jutesäcke, Schere, dicke Wolle, Stopfnadel, Bordüren, Stoffmalfarbe, Pinsel, Messer, Stoffkleber, Fellreste, Federn, Lederreste, Perlen

Anleitung:
Der Jutesack wird so gekürzt, dass er die Länge eines Kleides oder eines Hemdes hat. Die abgeschnittene Kante wird ausgefranst. Dann werden die Kopf- und Armlöcher hineingeschnitten. Nun kann das Kleid oder das Hemd mit Stoffmalfarbe bunt bemalt, mit Motiven verziert oder mit den anderen Materialien frei nach Fantasie gestaltet werden.

Perlen, Ringe, Scheiben und ein Amulett aus Ton

Material:
Ton (der nicht gebrannt werden muss), verschiedene Dinge, mit denen Muster geritzt werden können wie Nägel, Gabel, dicker Draht, Plakafarben, evtl. Fixierlack, Leder- und Stoffbänder, Federn und verschiedene Naturmaterialien

Anleitung:
Der Ton wird geknetet, geschlagen, gedrückt und wieder gut durchgeknetet, bevor er in kleinere Stücke geschnitten wird. Aus den Tonstücken drehen und rollen die Kinder Perlen in allen Formen und Größen. Auch Scheiben, die mit Löchern versehen werden, und Ringe werden geformt. Eine dicke Tonkugel wird zu einem runden Amulett flach gedrückt. Mit einem Nagel, einer Gabel oder einem Stück Draht werden Motive und Zeichen in das Amulett geritzt. Auch das Amulett bekommt ein größeres Loch, an dem später eine Kordel durchgezogen werden kann, um es umzuhängen. Außerdem kann es rundum mit Löchern versehen werden, durch die

Bänder mit Perlen, Federn und anderen Materialien gezogen werden können. Nach dem Trocknen können alle Tonarbeiten mit Plakafarbe bemalt und mit Lack besprüht werden.

Marterpfahl

Material: eine lange und dicke Papppröhre, reichlich Gips, ein Plastikeimer, Farben, Pinsel

Anleitung: Der Plastikeimer wird gut zur Hälfte mit der angerührten Gipsmasse gefüllt. Wenn der Gips auszuhärten beginnt, wird die Papppröhre hineingestellt. So eingegipst, hat sie eine gute Standfestigkeit. Ist der Gips ausgehärtet, wird die Papppröhre mit viel Farbe bunt bemalt und mit Ornamenten in einen Marterpfahl verwandelt. Der Marterpfahl ist der Treffpunkt bei vielen indianischen Aktivitäten.

Steckenpferd

Material: braunes, schwarzes oder weißes dickes Tonpapier, für jedes Pferd ein Besenstiel, dicke Wolle, dicke Filzstifte, dicke Stopfnadel, Papier in Weiß, Schwarz und Braun, Klebstoff, Holzsäge, Hefter und Heftklammern, Schere

Anleitung: Auf das dicke Tonpapier wird ein Pferdekopf gemalt und ausgeschnitten. Dann werden Wollfäden mit einer dicken Stopfnadel als Mähne durch die Pappe gezogen. Aus dem Papier schneiden die Kinder Augen und Schnauze, die auf den Pferdekopf geklebt werden oder mit den Filzstiften auch aufgemalt werden können. Aus Wolle wird eine lange Kordel gedreht und als Halfter befestigt. In den Besenstiel wird zum Schluss von der Erzieherin eine Kerbe gesägt, in der der Pferdekopf befestigt wird.

Indianische Tücher

Material: saubere Fensterleder, dicke, wasserfeste Filzstifte

Anleitung: Die Lederstücke können mit selbst erfundenen indianischen Mustern oder Zeichen bemalt und als kleines Geschenk oder für eine Spurensuche verwendet werden.

Köstliches für einen Indianerschmaus

Zutaten:

Zubereitung:

Zutaten:

Zubereitung:

Mais-Paprikasalat

1 Becher Jogurt, ½ Becher Sahnequark, ½ Zitrone, 1 kleine Dose Mais, 1 grüne Paprika, 1 Apfel, 1 Tomate, Salatblätter, Petersilie, Pfeffer, Salz, Paprikagewürz

Die frischen Zutaten gründlich waschen. Apfel und Paprika entkernen und vierteln, die Tomaten vierteln und die Salatblätter auf einem Teller auslegen. Den Mais abschütten. Aus Jogurt, Sahnequark, Zitronensaft, etwas Salz, Pfeffer und Paprikagewürz eine Soße herstellen. Tomaten, Paprika und Mais in die Soße geben, noch einmal abschmecken und auf den Salatblättern verteilen. Mit Petersilie dekorieren. Dazu schmecken gegrillte Würstchen.

Mais-Bohnensalat mit Tunfisch

je 1 Dose Mais, Bohnen und Tunfisch, Essig oder Zitronensaft, Pfeffer, Salz, Paprikagewürz

Mais und Bohnen abschütten und mit dem Tunfisch (mit Öl) vermengen. Aus etwas Essig oder Zitronensaft, Pfeffer, Salz und Paprikagewürz (wahlweise auch mit weiteren Gewürzen) wird eine Salatsoße kreiert, mit der der Mais-Bohnen-Tunfischsalat verfeinert wird. Dazu schmecken Folienkartoffeln oder alles, was vom Grill kommt.

Fruchtbowle

Zutaten:

1 Dose Pfirsiche, Ananas und verschiedene andere, möglichst frische Früchte, Zucker (je nach Süße der Früchte), 1 Liter Apfelsaft, 1 Liter Mineralwasser (gekühlt), Saft einer Zitrone

Zubereitung:

Die Früchte werden klein geschnitten, eventuell etwas gezuckert und in eine große Schüssel gegeben. Wenn der Saft von Dosenfrüchten oder ein paar sehr reife, frische Bananen verwendet werden, muss nicht gezuckert werden. Der Apfelsaft und das Mineralwasser werden dazugegeben, dann wird die alkoholfreie Bowle im Kühlschrank kalt gestellt.

Crêpes mit Früchten

Zutaten für den Teig:

250 g Sahne, 100 g Mehl, 2 EL Puderzucker, 2 Eier, 2 EL zerlassene Butter, 2 EL Zucker, 1 Prise Salz

weitere Zutaten:

40 g Butter oder Margarine, 1 EL Puderzucker, verschiedene Früchte, 3 Kiwis

Zubereitung:

Die Sahne und das Mehl verrühren und 10 Minuten ausquellen lassen. In der Zwischenzeit das Obst schälen und in Würfelchen schneiden. Kiwis schälen und mit Zucker und dem Pürierstab pürieren. Den Teig mit den Eiern, zerlassener Butter, Zucker und Salz verrühren. In heißem Fett dünne Crêpes backen. Die fertigen Crêpes auf den Teller legen, mit dem Fruchtsalat füllen, zusammenrollen und etwas Kiwisoße darüber geben. Zum Schluss mit Puderzucker bestäuben.

Die einzelnen Angebote im Überblick